顾娟/著

跟马云学管理

给管理者的33句话

SPM
南方出版传媒
广东经济出版社
·广州·

图书在版编目（CIP）数据

跟马云学管理：给管理者的33句话/顾娟著．—广州：广东经济出版社，2017.11
ISBN 978-7-5454-5829-9

Ⅰ.①跟…　Ⅱ.①顾…　Ⅲ.①马云—企业管理—经验　Ⅳ.①F279.23

中国版本图书馆CIP数据核字（2017）第243036号

出 版 人：姚丹林
责任编辑：易　伦　甘雪峰
责任技编：许伟斌
装帧设计：海阔天空

跟马云学管理：给管理者的33句话
GENMAYUNXUEGUANLI GEIGUANLIZHEDE33JUHUA

出版发行	广东经济出版社（广州市环市东路水荫路11号11~12楼）
经销	全国新华书店
印刷	北京盛兰兄弟印刷装订有限公司（北京市大兴区黄鹅路西临89号）
开本	720毫米×1010毫米　1/16
印张	15
字数	139 000
版次	2017年11月第1版
印次	2017年11月第1次
书号	ISBN 978-7-5454-5829-9
定价	45.00元

如发现印装质量问题，影响阅读，请与承印厂联系调换。
广东经济出版社常年法律顾问：何剑桥律师

前言

马云可以说是我们这个时代的奇迹。他创建了全球电子商务第一品牌——阿里巴巴，是开创“网商新时代”的经营骄子，被誉为网络中的“拿破仑”；也是登上《福布斯》杂志封面的“中国第一人”……这个充满了传奇色彩的人物，是凭借什么创造了现今庞大的商业王国，并在诸多企业难以经营时仍不断发展壮大的呢?

“小企业家成功靠精明，中企业家成功靠管理，大企业家成功靠做人！”马云在很多场合都说过这样的话。同样他也说过：做企业也好，做员工也好，都应该先学会“做人”。如果我们仔细看一下马云和阿里巴巴的成长经历，就能明显感觉到这一点。可以说，阿里巴巴的成功，是马云做人的成功。而马云在经营管理自己的企业时，也是将这种智慧运用得恰到好处。这一点，是现在的许多企业经营管理者应该学习的。

本书从做人的角度叙述了马云独特的企业经营管理理念，并且列举了马云所说的关于做人和企业经营管理的33句经典名言。希望正在奋斗的创业者，或者小有成就的企业经营管理者，或者怀有梦想的人们，不妨在百忙中停下脚步，听听马云的声音，学学马云的经验，用他独到的人生感悟帮助我们在自己的事业及生活中取得更耀眼的成绩！

目 录

第一章 无论做企业还是做员工，都要先学会“做人”

第二章 人人都有潜力，领导者要找出这个潜力

第四章 计划书做得越完美，死得越快

第五章 最优秀的模式，往往是最简单的东西

第一章

无论做企业还是做员工，都要先学会“做人”

《赢在中国》的制片人王利芬曾这样说道：在马云身上，有一点是一般人做不到的，那就是他没有一点儿虚荣心，他不怕没面子，能十分坦然地面对自己不太成功的过去，连自己的长相也在他自嘲之列。这一点对一个人来说真的并不容易……

01

人生在世是做人，而不是做事

第 1 句话 小企业家成功靠精明，中企业家成功靠管理，大企业家成功靠做人！

马云曾说过一句非常著名的话：小企业家成功靠精明，中企业家成功靠管理，大企业家成功靠做人！这句话无疑使许多人都对企业家有了新的认识。

有一次，马云为了回北京参加世界经济论坛会，匆匆结束了纽约的旅行，正是这一次的经历，让马云此生难忘，用他自己的话说就是“那次丢脸真是一塌糊涂”。

在论坛会上，前前后后共有 5 人上台演讲，但是台下的人几乎都在走神，一半人在打电话，另一半人在聊天，上面谈上面的，下面谈下面的，完全没有表现出庄严和郑重。这件事让马云觉得特别尴尬，而且也让他感触颇深，为什么中国的企业会出现这种情况呢？当然，台上演讲的企业家也是特别难堪。马云觉得这不是文化的差异问题，而是不懂得尊重他人的表现，倘若中国企业都是这样的话，那么以后还有谁愿意和中国的企业家进行交流和贸易呢？因此，马云一直都在强调：做企业也好，做员工也好，都应该先学会做人。

俗话说，一流人才会做人，不做事；二流人才先做人，再做事；三流人士先做事，后做人；而庸俗的人士既不会做人，也不会做事。对于一个管理者而言，要想经营管理好企业，就必须同时学会做人和做事。说得简单一点，就是要有正直诚实的品格。一个人的领导管理能力，与正直诚信绝对脱离不了关系。企业管理者不但要做自己，更要诚实地面对自己。

真正的管理者希望通过管理来服务他人。他们最看重的，是让自己所领导管理的部属产生改变，这种改变带来的成就感远远超过通过管理获取权力、金钱或名誉。而圣洁的心灵、悲天悯人的热情、精辟的见解，是主要的支持力量。

这种特质是一个领导者必备的，它并非与生俱来，而是在成长过程中逐步培养起来的。很多人有特殊的天赋，才能过人，但要成为真正的管理者，还需真正发挥这些天赋才行。真正的管理者除了善用天赋，更懂得承认自己的短处，并努力克服。他们的管理包括目的、意义及价值。他们擅长建立坚若磐石的人际关系，能让众人真心追随。他们的人格特质前后一致、高度自律，当所坚持的原则遭到考验，绝不轻言妥协。很多企业管理者会时时提升自己，因为他们知道，要想成为一个优秀的管理者，有时需要花费毕生的精力。

1. 做自己

作为一个企业的管理者，必须拥有自己的特质，没有哪两个人的特质是完全相同的。企业管理者最需要“做好自己”，必须独立自主，不随波逐流。许多人容易受到他人的影响，他们往往在利益的夹击之下背离初衷，或因害怕冒犯别人而不愿做艰难的决策。

当你孤军奋战，没有任何帮助，或者独自面对大家的压力时，更要坚持“做自己”。我们面临的最大挑战，就是在困难接踵而至的时候，学习适应“高处不胜寒”，才能不受任何压力左右。

2. 培养独特的管理风格

要成为一名合格的领导者，必须先认清自己的人格特质，找到符合自身特点的独特领导风格。不幸的是，在现实生活中，管理者们往往迫于各种压力，不得不遵循既有的风格。然而，真正的管理者不会屈从和自己人格特质不符的压力，这使得他们能够做出与众不同的事迹。

你有怎样的领导风格？这并不是关键，关键是这种领导风格是否与你相符。世界上最伟大的领导者，都有属于自己的领导风格，提起华盛顿、林肯、丘吉尔、罗斯福、撒切尔夫人和甘地，人们总是能够想起他们的真性情，没有人能够模仿得来。企业管理者也是如此，提起优秀的企业管理者，人们也会产生不同的印象。美国通用电气公司的三位CEO——琼斯、韦尔奇和伊梅特，管理风格截然不同，琼斯有政治家的风范、韦尔奇魄力十足，而伊梅特擅长充分授权和部属，他们都是非常成功的企业领袖。通用顺应他们不同的管理风格，均委以重任，最后他们都能大放异彩，获得成功。

发展一套整合自己“人格”与“特质”的独特管理风格，对管理者的成长很重要。经过一段时间，当你独特的管理风格能够有效地管理不同类型的人和应对不同的环境时，那么，你就成了合格的管理者。

3. 了解自己的缺点

管理者应该放开心胸，诚实地面对自己，勇于接纳自己的短处，并能发挥自己的长处。不必尽力表现完美，因为多方隐藏不足之处，只会让别人更看清楚你的不足，尝试掩盖只是掩耳盗铃。坦荡面对自己的弱点，是做一个真诚的管理者的必备条件。当你尝试隐瞒不足、牺牲真诚，希望赢取下属的尊敬与赞美时，反而会衍生出更多的问题。

有些管理者已经意识到自己对下属不留情面、缺乏耐性、不够圆融，对方也曾为接纳管理者的这些短处而心中苦闷。一个人的长处与短处犹如硬币的正反两面。管理者应该明白，在开会时痛斥下属，虽然能迅速直捣议题核心，但强硬态度却会让员工渐渐气馁，丧失自信；要求每件事都能迅速完成，虽能达到优质绩效，却暴露出管理者对动作不够快的下属的不耐烦；直来直去的互动虽能清楚传达信息，却有失圆融。管理者只要能做到反躬自省，调整作风，克制强势的管理风格，就能让员工积极参与、勇于负责，并认真地提出他们的建议。

4.说到做到，切不可失信于人

诚信为立人之本，诚信同样也是奠定企业的基石，失信于人，企业就会失去自己的软实力，而管理者则会失去威信，在员工面前丧失影响力。可见，信用是事关企业大局的东西，一旦确立，就要全力以赴，绝不能让它空有其名；要使它在一桩桩管理活动中成为生动的现实。信用不是用来做摆饰、装门面的，也不是用来应付上级和外界检查的，它是实实在在能转化为员工巨大动力的希望。以下有五个具体可行的途径，作为管理者的你必须遵守：

（1）确立目标：管理者的一言一行，从各方面所传达出来的信息，整个组织的目标以及沟通管理上的工作，都必须有着极为密切的关系。

（2）言行一致：管理者的行为应该和自己公开说过的话保持一致。

（3）激励员工：管理者的沟通方式应力求直接、坦诚，尽量鼓励下属们发表意见。

（4）前提一致：管理者认为重要的人和事，就应该充分地重视。比方说部属和其他组织的主要成员就应该比外界人士先得到第一手资料。

（5）带领企业前进：领导管理者是一个组织的最高上司，应该对企业的大方向保持绝对权力。不管是对内或对外沟通，都不该假手他人。

马云语录

注重自己的名声，努力工作、与人为善、遵守诺言，这样对你们的事业非常有帮助。

地位越高就应越懂得谦逊

第 2 句话 如果你的公司目前只有两个人，你就在名片上把自己的称呼放低一点儿，这样会赢得尊重。

放低自己抬高别人，是一种性格，是一种良好的心态问题，也是对自己人生价值的估量问题。但是很多人会问：放低自己，会不会真的使自己变“矮”？这种担心显然是多余的，答案当然也是否定的。放低自己不但不会使自己变“矮”，反而还会抬高自己的身价。因为懂得放低自己抬高别人的人，往往更能受到社会更广泛的承认和人们更普遍的尊重。

众所周知，阿里巴巴的成功，并不是马云一个人的功劳，马云曾经不止一次地说过：“客户第一，员工第二。”客户是上帝，而员工则是直接服务上帝的天使。马云认为，自己在公司中的领导地位，并不能取代员工，因为在企业的运转过程中，真正起决定性作用的是公司里的几千名员工，若是没有他们，阿里巴巴这个网站就不可能维持下去。只有让员工开心，客户才会满意，公司才能长远发展。因此，他从不以一个领导者的身份来命令员工为他做事，相反，他总是能够和员工站在平等的位置上，以同事的身份和他们共同进退。正是因为他的这种抬高他人的处世方法，为他赢得了大量对他衷心耿耿的员工，企业的发展才能青云直上。马云曾经向外界解释道：“阿里巴巴能有今天，绝对不是我马云一个人的功劳，很多人都在书中说我如何如何厉害，其实事实完全不是这样，请大家不要相信。”

2005年，胡润中国富豪排行榜发布，黄光裕位列零售富豪榜榜首，而马云以第六名入选。这是马云首次入选，距离阿里巴巴成立才过了6年，而淘宝网刚刚成立3年，在这么短的时间内，马云就已经积累了大量财富，连他自己都感到十分吃惊，用他自己的话来说就是：“没有想到会入选。”马云甚至认为，自己不是一个十分强势的人，也从来没有想过诸如此类的事情，之所以能够入选富豪榜，并不是自己的才能多么突出，而是他赶上了时代的潮流。

2007年，阿里巴巴的发展势头如日中天，年创造利润几亿元，就在此时，中国市场上又出现了一匹黑马——网盛科技。网盛科技是国内A股市场上第一只“血统纯正”的网络股，受到众多投资人的追捧，虽然年利润仅仅为3000万元，远远比不上阿里巴巴，但是网盛的发展前景很好，被人们普遍看好。马云清楚地看到了中小型网站可能产生的影响，对它们有了进一步新的认识，面对这个突如其来的“不速之客”，阿里巴巴并没有拿出“老大”的姿态去打压，而是选择放低姿态，与网盛走向“合作共赢”，这一举动让所有人都对马云刮目相看。此举也使这些中小企业看到了新的机会，真可谓一举两得。

作为一个企业的管理者，最主要的任务莫过于采取什么样的方式让企业的员工朝着企业的整体目标奋进，给企业带来更好的经济效益，让企业能够在竞争激烈的环境中不断地发展、壮大。

企业不是一个人做出来的，而是需要全体成员的共同努力。那么，怎样才能做到这一点呢？企业的管理者必须改变心态，不要再认为自己比他人优秀，并在言行上表现出瞧不起员工，而应当给予员工应有的尊重。因为，决定企业能否在现今竞争激烈的环境中得以更好地生存与发展，取决于企业的凝聚力，而企业的凝聚力来自于企业全体成员的齐心协力。

尊重是凝聚人心的秘诀，因为这世界上所有的人都需要尊重，不论其身份和地位如何。尊重不仅仅是管理者与被管理者之间的一种礼貌，还应当贯穿于管理的全部过程。当管理者总是以一种自认为要比他人优秀、瞧不起下属员工的态度去面对自己的下属，无论其个人能力如何卓越，所制定的目标与计划怎样翔实可行，都难以实现。为什么会这样？原因很简单，便是当管理者以那种态度对待下属员工时，下属员工会以同样的态度去面对管理者，很难真正地按照管理者所说的去执行，完成管理者所交付的任务。

对任何一个处在管理者位置上的人来说，不管其个人的能力有多么卓越，即便真的要比自己的部属强上很多，都不要自认为比他人优秀，更不要在面对员工时表现出瞧不起他们的意思，而应当是给予他们应有的尊重，只有如此，才能得到下属的拥戴，才能凝聚人心，形成一定的凝聚力，促使整个部门乃至企业的全体人员齐心协力地朝一个既定的目标前行。世界高科技公司的名牌企业，个人电脑和打印机设备制造方面的龙头老大的惠普公司，之所以能做大做强的秘诀就在于此。惠普公司创始人比尔·修斯特认为:“管理者都有一样的愿望，让自己的公司做大，让属下对自己忠诚，希望自己做出的批示能够得到属下热烈拥护，这些愿望都是正常的，应该的。问题是怎样才能做到这一点呢？这有许多要求，而其中最重要、最关键的一条，就是关心部下。”与之相反，如果管理者自认为要比他人优秀，瞧不起员工，不懂得尊重员工，就会丧失掉团队的凝聚力和竞争力，使得团队在竞争激烈的环境中被淘汰。

由此可见，自认为要比他人优秀，瞧不起员工，对管理者日常工作的开展有百害而无一利。

1. 内心强大的人不会自夸

在这个世界上，什么人都有，有的人自卑，有的人却很骄傲，喜欢自夸。喜欢自夸的人，总是给人一种盛气凌人的感觉，因此最不受欢迎。喜欢自夸的领导，很难得到下属的认同。当领导者有一件或者多件值得称赞的事情被人发现之后，人们自然予以称颂；但若领导者自我夸耀地说出来，只会得到别人的反感和轻视。

常言道："面子是别人给的，脸是自己丢的。"这话发人深省。

2. 不要锋芒太露

一个有才华的人，就像一把尖刀，可以突破任何困难，但是做人不可以把自己的锋芒随意显露出来。必要时应当显露一下锋芒，让人知道你的才华，这是事业成功的基础，在适当的场合显露一下既有必要，也是应该的。一个领导者若无锋芒，那就是无能之辈。然而锋芒可以使你为人所知，却也容易刺伤他人，所谓物极必反，过分外露自己的才华容易导致失败。

3. 不要意气用事

身为领导，大权在握，做事时不可以仅凭心情行事，要掌握分寸，避免意气用事。有的领导脾气很大，面对下属的过失时缺乏冷静，有时甚至怒气冲天。冲动之下，愤怒的感情闸门若打开，就会说出许多不该说，甚至责骂人的话。不管你的主观意愿多好，这样的效果也是适得其反的。盛怒之下发脾气不但降低了领导者的身份，也会使单位气氛低落，于事无补。同时也会让下属觉得你过于盛气凌人，给人一种狂妄自大的感觉。

4.少露官态，少说官话

官话是某些人出于某些目的，故意说出的话，他们喜欢高腔高调，或是故意装腔作势，晦涩、圆滑的背后，掩藏着他们难以看清的真面目。有些话，听起来委婉，却叫你摸不着头脑；有些话，说起来慷慨激昂，做起来却是又一个样子；有些话，说起来信誓旦旦，一转身却又不算数。在正式场合，你或许免不了要说些标准式的官话，但是在私下的场合，就不该继续说官话、露官态了，否则会给人留下你很虚伪的印象。

马云语录

其实世界上每一个人都很平凡，都很普通。我马云也没什么了不起，这几年被媒体到处吹捧，其实自己很难为情，比如别人从我这听到一些话的时候，就觉得不一样，但很多话我都是听街上的老头老太说的。

不要在乎别人说什么

第 3 句话 我就是特别喜欢又傻又天真地坚持自己的想法，然后又猛又持久地走自己的路。

太在乎别人的看法，往往会失去自己的意愿，做事就会以别人的意见为依据，从而失去主见。因此，在现实生活中，一旦你确认了一条认为正确的道路，就应该义无反顾地走下去，如果别人提出了不同的意见，可以将其作为参考，但绝不能被别人牵着鼻子走。

作为一个男人，马云总是坚持内心的想法，从来不在乎别人对他的看法，最终成为一个万众瞩目的公众人物。

1976 年，马云 12 岁，他进入中学，开始学习英语。当时的中国，懂英语的人并不多，大多数人对英语也不是很重视，但马云却十分喜欢。改革开放以后，到杭州游玩的外国人逐渐增多，为了提升自己的英语水平，马云一有机会便会跑到大街上，拉着他们开练。为此，他遭到了许多人的嘲笑，朋友们骂他：“吃饱了撑的，没事学什么英语？”可他全然不在乎，仍旧四处寻找外国人进行对话。就这样，虽然一天国也没出过，但马云却练就了一口纯正、流利的英语，这对他日后事业的蒸蒸日上不无帮助。

由于出色的英语水平，马云在1995年给自己争取了一份翻译的工作，并有机会去了美国。在美国他第一次听说“互联网”这个词语。于是，马云作为国内第一批投身互联网的人，开始了他艰辛的创业生涯。他四处宣传互联网，为人们讲解其功能及作用，但是在那个时候，几乎没有人知道互联网，因此没有人愿意相信他，还有很多人都误以为马云是一个大骗子。不过，这些困难都没有摧毁马云的信心，他不顾别人的嘲笑，始终坚持走属于自己的路。事实证明，马云的坚持是正确的。1999年，互联网悄然在国内风行，并以迅雷不及掩耳之势蔓延开来，此时互联网的概念成为最热话题。

后来，当马云再次想起曾经的往事，想起学习英语和互联网的经历时，他这样说道：“1994年，有人跟我说过互联网，可是我对它却没有一点概念，似懂非懂的样子……但我感觉它肯定会影响整个世界，而中国还没有，到底会怎么样，也说不清楚。没想到会那么快，那么猛，没有预料到5年后发展成这样。”由于马云的坚持，他成功地将互联网在中国运作起来，可就在事业如日中天的时候，他的举动再一次让众人不解，那就是坚持B2B模式，大家都说他是疯子。可就是这样一个“疯子”所做出的决定，却让阿里巴巴网站成为全中国最大的电子商务平台，每天的营业额高达几亿。

马云说道："阿里巴巴在成立的第一天，我就决定要致力于做B2B，不管外面的潮流怎么变。虽然在外界有很多不同的概念，其他的机会也有不少，但阿里巴巴会沿着既定的方向往前走，不管外面如何变化，不管他人如何谈论，阿里巴巴不会受到干扰。中国的互联网向来就缺少一种独立精神，总是跟在大国的后面'人云亦云'，而阿里巴巴最主要的独特之处就在于走自己的路。"在IT界，马云经常被人们说成是又疯又傻的人，可他却十分骄傲地说道："我就是特别喜欢又傻又天真地坚持自己的想法，然后又猛又持久地走自己的路。"也许，正是这种特殊的使命感与价值观，才造就了一个令世人敬仰的商界传奇。

如果一个人不能坚持己见，就会被人牵着鼻子走。所以，当一个人认为自己所坚持的事情是正确的时，就不要管他人的言语，太在乎他人的看法只会让自己一事无成。

相信大家一定听过一个"爷孙骑驴"的故事：

一个爷爷和他的小孙子去赶集，牵着一头毛驴，爷爷心疼弱小的孙子，便让孙子骑在驴身上，自己在路上走。路人看到后便纷纷说道："这个小孩子真是不孝顺，他的爷爷都这么大岁数了，怎么自己骑驴让爷爷走路呢？"爷孙俩听到后，觉得人们说得有理，两人便换了一下位置，爷爷骑在了驴背上，孙子则在路上走。走着走着，路人们又开始窃窃私语：“这个人真是的，孙子还那么小，怎么一点都不知道爱惜呢？太不像话了！”

爷孙俩听了之后，觉得十分尴尬，只好一起骑在驴身上。没走多远，又遭到了路人的指责：“这爷孙俩实在没有一点同情心，这驴子如此瘦小，怎经得起他二人这么折腾？把驴都压坏啦！唉，这世道啊！”

这下爷孙俩彻底没辙了，他们站在原地，思考了很久，不知道是骑还是不骑。最终，两个人只好谁也不骑，牵着驴走在路上，结果更是招来了人们的笑话：“这两个人真奇怪，明明牵着一头驴，却偏偏谁都不骑，你们说傻不傻呀？哈哈……”

其实，爷孙俩完全没有必要理会路人的指责，他们太在乎别人的看法，反而扰乱了自己的方寸，让行路变得更加沉重。因为无论你怎么做，都会有人不同意你的做法，既然无法满足所有人的要求，那就不妨照顾一下自己的心情。

1.培养自信

自信对一个人的成功非常重要。在遇到事情时，无论是自己此前遇到过的，还是没有遇到过的，只有相信自己能够解决，才不至于没主见，根本无从下手。而且，自信的人往往比较容易形成自己的主见，所以无论何时，他们只把别人的意见当作参考，最后的决断还得由自己做出。

2.尝试分析生活中的某些事情

遇事没主见说到底就是因为一个人在短暂时间内，收集信息、处理信息、做出判决的能力不足。一个人能够留意日常生活中的某些事情，能够经常分析某些事情，不仅能够丰富他的阅历，还能够提高他处理事情的能力。

3.多读实用性较强的书籍，多交知识面较广的朋友

遇事没主见有时是因为“对生活的积累比较少，遇事比不出个好坏对错”造成的。读书和交友可以弥补某些阅历方面的不足。多读些书可以吸收前人的经验和智慧，多交些朋友可以扩大人际圈子，增长自己的见闻。如果遇到某些事情时，都是“似曾相识”的，那么拿主意就有经验可借鉴了。

4.先想好再问别人

在拿不定主意时，要尽量先想好自己的主意，再去问别人的意见，最后由自己决定。一旦养成了这样的习惯，遇事拿主意的能力自然就会提高，久而久之就不会遇事没主见。

人要成大事，经营管理好自己的企业，就必须如一句格言所说:“走自己的路，让别人去说吧!”当然，这并不是说独立思考就不去认真听取别人有益的意见。如果别人的意见有可取之处，哪怕是来自“敌人”的意见，我们也应该吸取。

马云语录

不管别人怎么说，我们要坚信不在乎别人怎么看待我们，我们在乎怎么看待这个世界，如何按照我们的既定梦想一步一步往前走，这是做企业、做任何事一定要走的路。

读书少没关系，就怕不在社会上读书

第 4 句话 20 世纪 80 年代挣钱靠勇气，90 年代靠关系，现在必须靠知识、能力！

人的能力不是天生的，而是在后天的学习过程中不断积累起来的。现实生活中，为什么有的人事业辉煌，有车有房，腰缠万贯？而有的人却流落街头，身无分文呢？这关键在于人与人之间的能力区别。而能力很大程度上不在于你在学校读了多少书，掌握了多少书面知识，而在于你在社会上的实践、执行力。因此马云说，读书少没关系，就怕不在社会上读书。

《赢在中国》第一赛季晋级篇第八场，选手张奕多的参赛项目是，结合网络游戏的技术模式与远程教育的教学宗旨，通过游戏来学习知识。

马云：你在盛大工作过多长时间？

张奕多：半年。

马云：当时为什么想要加入盛大？

张奕多：我回国的时候，读完了MBA，那是2003年，我已经28岁了，我想我的经验不够丰富，需要去一些大公司锻炼一下。那时候我就听说了陈天桥的故事，那时陈天桥还不是特别知名，但是已经有了这样的故事，我觉得他这个人非常值得钦佩，我当时就跟盛大联系，回国以后加入盛大公司，我想从中学到一些东西。

马云：为什么半年后你就决定离开盛大？

张奕多：我离开的原因很简单，因为学的是MBA，在盛大应付这些没有问题，但是如果让我去并购，收购一家网络游戏公司，去研究这款网络游戏究竟受不受欢迎，客户究竟怎么看待这个网络游戏，在网络游戏这个领域我比不上80年以后出生的人。人在社会上应该做他最擅长的事情，在网络游戏里面我不如80年以后出生的一代，我应该做最擅长的，就出来做商战模拟领域。

马云：你离开盛大1个月，就创建了这家公司？

张奕多：对。

马云：你们公司跟政府有很好的关系，这跟你们公司的发展有什么必要联系？

张奕多：我觉得作为一个企业，你应该处理各方面的关系，要跟各方面的人打交道，作为一个CEO，70%的精力就是跟人打交道。

马云：为什么要强调政府关系？

张奕多：我们公司有政府北京天使投资给投资，对推广我们的产品有很大帮助。

马云：会不会让我联想说，你获6项大奖，你跟政府关系很好，是怎么拿来的，我会乱想的。

张奕多：这应该说没有必然的联系。只是当初我做这个项目的时候，它是一个教育项目，中国政府提倡科教兴国，提倡创新与创业，他们愿意支持这样的项目。

马云：你整个计划讲得不错，这个计划也做得很成功。你做事比较稳重，也很理性。但是我觉得这个计划竞争会很激烈，也很难做到。另外一个建议，创业者往往是开拓者，你在MBA学了很多知识，未必可以让你去创业。创业者最大的快乐就在于创业过程中去学习，去提升。很多时候是创业者因为自己搞不清楚而去创业，当你搞清楚以后就不去创业了，所以创业者书读得不多没关系，就怕不在社会上读书。

世界上有许多天赋异禀的人，但是做出成就的没有几个，大多数人终生平庸，因为他们不思进取，没有远大的理想，不用功读书、不努力学习，宁可把业余时间消磨在娱乐场所或不必要的闲聊中，也不愿多看书充实自己。在工作的时候，他们也很努力，下班后很疲倦，没有精神和毅力进行艰苦的自我培训，对目前所掌握的职业技能也感到非常满意，意识不到新知识对自身发展的价值。

努力进取不是一件容易的事，大多数人心甘情愿地陷于颓废的境地，没有做出任何努力，承认人生的失败。在这种心态下，创业就成了不可能的事情，也许连一个卑微的饭碗也可能随时丢掉。

在成功之前，一个人要做足准备，其中包括足够的知识储备，和足够的力量储备，没有这两点，一个人是难以在工作和事业中取得突破性进展的，也是难以向更高地位挑战的。一棵参天大树，蕴藏着积蓄力量的精神，崇山峻岭赐予它丰富的养料和肥沃的土壤，云朵给它带来充足的雨水，这些为它的成长提供了充裕的能量。

无论你现在的职位非常低微，还是已经成为跨国企业的总裁，都需要汲取新的、有价值的知识和思想，这对你的事业大有裨益。许多小职员拿着微薄的薪水，却愿意利用晚上和周末的时间到进修班去听课，或者买书自学。他们明白知识储备得越多，发展潜力就越大。很多人志向满满，只因准备不足，导致失败。由于在知识和经验上准备不足，做事大费周折，始终达不到目的，实现不了成功的梦想。

我们可以看看职业中介机构的待业者名单，这其中有身强力壮的人，也有学历很高的人，他们都在这里登记，为什么呢？因为他们还没找到理想的工作，其中的大部分人缺乏进一步发展的能力，所以才会驻足不前，最终被人超越，丢了饭碗。

比如，一个有着多年工作经验的售货员，终日得过且过，按照顾客的要求拿东西，对商业一窍不通。他只是在挣钱糊口，不注意、不关心商品的特点和顾客的需求，就算他幸运地不被淘汰，也只能当一辈子售货员。那些精明强干、善于思考的年轻人，却能在短时期之内发现一个行业的门道，一旦时机成熟，他立刻就能独当一面。

马云曾经对人这样说过：“我的所有职员都要从最基本的事情做起，否则就不可能承担大任。对工作有利的，就是对自己有利的。任何人在开始工作时如果能记住这句话，前途一定不可限量。”一个领导者，随着自己地位的逐步升迁，一定有很多的学习机会，假如他能抓住这些机会，成功就是早晚的事。

一个人是怎样利用闲散时间的，决定了他未来能够达到多高的成就。自强不息、随时求进步的精神，是一个人卓越超群的标志，更是一个人成功的条件。这也可以作为老板们提拔下属的重要参考项目。一个想成大器的领导者，要随时随地注意相关行业的门道，而且一定要研究得十分透彻。在这一方面，千万不能疏忽大意、不求甚解。有些事情看起来很简单，一眼就可以看透，但是不能因此放松警惕，要仔细观察，认真学习。有些事情虽然有困难险阻，但也要努力去探究清楚。如能做到这一点，他就能清除事业发展中的障碍。

1.善于向身边的人学习

一个人的知识和经验总是有限的，在工作中，你一定会遇到解决不了的难题，这就需要你向别人学习，而最好的学习对象就是你的前辈或者你的同事，不要让虚荣或不好意思堵住你的嘴，堵住嘴也就堵住了知识的大门。

在企业里，不会再像学生时代那样，每天都可以听老师的讲解，这时就需要我们自己去寻找“老师”。三人行，必有吾师。很多人都可以做我们的老师，我们可以听他们讲，可以看他们的言行，然后根据自己的知识储备，做适当的取舍和升华，形成新的知识体系。

2.善于利用业余时间读书

书是读得越多越好吗？杜甫说：读书破万卷，下笔如有神。而赵普却说：半部《论语》打天下，半部《论语》治天下。显然，这些说法都有些夸张，在今天，我们判断一个人应该读多少书，要以他的读书能力为限。

不谈专业的差别，就人才个体来说，读书宜多不宜滥，可以将此作为一个原则。宜多不宜滥，就是说读书要有个数量界限，这个界限应该根据所学专业和个人具体条件来确定。

在繁忙的工作中，掌握一定的读书技巧更有助于我们积累知识。首先，要注意读与思的结合，读书只有经过思考、观察和实践，才能“读到糊涂是明白”。为防止读书硬化，就要做到读书与思考同步进行，遇到不懂的就要想办法找出答案。其次，读与问要结合，提问是解决问题的一半。最后，读与做要结合。读书应该与实干结合起来，读而不做，自然就变成了书呆子，不但要从书上获取知识和技术，还要有实际的运用能力。

3.尽量学习一门外语

如果没有充裕的时间，那么你可以重新拾起我们在大学时的英语，不用再去重新寻找一门语种来学习，把英语学好已经是一件很了不起的事情了。我们每个人的工作都会接触到外语，这正是一个学习的机会。语言可以成为你关键时刻的“救命稻草”，也可以让你出类拔萃。

4.培养自己的操作技能

操作技能指的是对高科技产品的实际操作和对现代科技知识实际应用的能力，这种能力对现代社会生活的影响日益显著。对我们来说，掌握以下技能是十分必要的。

首先，要熟练操作计算机。计算机与我们的日常生活已经不可分离，成为完成日常工作的一个重要组成部分，不会操作计算机，将很难在现代社会中立住脚。

其次，要学会掌握资料。掌握资料，就能掌握社会的最新发展动态，资料的整理和积累是一门学问。资料本身是客观的，但是要掌握哪些资料、利用哪些资料、如何整理和编排资料，却体现了一个人对自己专业方向的把握、对掌握有用信息的灵敏，以及对资料的综合运用能力。

最后，要学会调查研究。在现代社会中，无论是决策还是管理，无论是制订计划还是实施执行，都需要了解情况，了解情况就是调查。因此，调查研究是职业人不可缺少的基本功。

马云语录

3年前我一个同事去读MBA，我跟他说，如果毕业以后你忘记了所学的东西，那你已经毕业了。如果你天天还想着所学的东西，那你就还没毕业。学习MBA的知识，但要跳出MBA的局限。

做一个独具慧眼的人

第 5 句话 大家都看不清前景的时候，这个机会一定能够赚钱。

近几年来，市场竞争压力越来越大，人们更觉得商机难寻，能赚钱的机会越来越少。但这并不意味着商机消失殆尽，只要你是一个善于发现的人，仍然可以嗅到别人嗅不到的味道。这也要求你像马云一样，具有狼一样的敏锐嗅觉、猎鹰一样的机敏反应，善于发现猎物，善于发现周围的每一个有用信息，对周围的每一个细小变化都能很快做出反应。

马云出生在浙江杭州，这是一块人杰地灵的宝地，自古以来就是富庶之地，商业氛围浓厚。改革开放以后，浙江位于中国经济最成熟的长三角经济圈，这里有中国最为庞大的从事外贸业务的中小企业集群，是中国民营经济最为活跃的地方。作为土生土长的杭州人，马云在这里接受了多年的锤炼，养成了敏锐的商业直觉，他对于企业的需求有着最为深刻的体会：中小企业不了解购销资讯，也不掌握产购信息，而国际业务和转口贸易成本的偏高，都让这些中小企业主十分头疼。通过这些，马云看到了未来的走向：中小企业使用电子商务将会是未来的一种趋势。马云坚信：“互联网对于发展中国家是机遇，对中小企业是机遇，互联网是以快打慢，以小博大。竞争会迫使更多的企业上网，不上网的企业不会做大。”

于是，马云毅然决然地大展拳脚，在杭州建立了阿里巴巴，最终大获成功。应该说，电子商务是最能帮助中小企业主的，但是在电子商务诞生后的很长一段时间内，中小企业主们却长期持有一种观望的态度。他们之所以观望，不是由于他们缺乏眼光，而是他们对于互联网这个虚拟世界不信任。

曾几何时，互联网上流行着一个笑话：你无法知道，在网络对面和你聊天的是不是一只狗。对于普通人来说，这只是一个笑话而已，不会对生活产生更大的影响。但是对于做生意的企业家来说，这个问题就很重要了，做生意肯定要和讲信誉的人打交道才能够放心。可在互联网上，连“对面是不是一只狗”的问题都不能够解决，谁又知道和自己在阿里巴巴上谈生意的又是什么样的一个人呢？这又怎么能够让人信服呢？应该说，这是互联网商业的又一次机会，谁能解决这个问题，谁就能掌握未来的方向。马云又看到了机会。马云要让互联网的商业世界和现实中的商业世界没有区别。

2001年的3月，马云推出了“诚信通”。阿里巴巴中文网站部分会员的商铺页面上，出现了一双紧紧相握的蓝色小手，这就是“诚信通”。它的诞生宣告了网上信用时代的到来——这是全球第一款交互式网上信用管理体系。无疑，这是马云又一张漂亮的牌，而这正是出于马云的独特眼光。

马云的成功速度之快，简直让人不敢相信，从他开始做互联网，直到大获成功，中间经历的时间仅有短短数年。几年的时间看着也不短，但是对于那些顶级的富豪们来说，简直不算什么。也有人认为，马云的成功纯粹是撞了大运，只是运气好而已。马云也谦虚地说自己是“骑在盲虎背上的盲人”，因为他对互联网科技一窍不通。

马云的成功真的是偶然吗？马云曾经说过一句话：“如果我马云能够成功，那么80%的年轻人也能够成功！”可为什么那么多人没有成功呢？

有一点不可否认，那就是马云有眼光，马云是一个善于发现商机的人。

事实上，商机随时都在你身边，但它只属于善于发现的人，只要你拥有一双善于观察的慧眼，善于做一个市场补缺者和利基者，你就能事半功倍，赢得商机。

在这个利益化的时代，每个人都在不懈地寻求着商机，以求利润与财富，但很多人都把眼光放得太远，以为财富不是伸手就能够得着的。但其实财富就在我们的身边，商机无处不在，只要你不缺乏发现市场机会的眼光，你就可以赢得战役。

1.快速找到并消化有用的信息

在当今市场激烈竞争的情况下，私营公司要想拥有一席之地，达到长远发展的目标，就必须了解自己的对手，只有如此，才能增加紧迫感和危机感，使公司上下齐心协力，把各项工作落到实处。

例如，近几年来，网络浏览器作为进入国际互联网的必要工具，成为电脑软件公司争夺的焦点。微软公司曾经因为判断失误，未投入全力开发该项目，致使网景公司得以一度占据高达80%以上的市场份额。为了重新夺取网络浏览器市场，微软充分发挥了竞争情报研究部门的特长，每月定期监测网络浏览器市场占有率的变化，以此作为微软公司制定网络浏览器市场策略的指导方针。竞争情报帮助微软最终夺取了网络浏览器市场管理者的地位。网景公司被彻底击败了，甚至被美国在线公司购并。

据统计，美国《财富》杂志全球500强企业的前100名企业和美国90%的企业都有自己的竞争情报机构。日本企业在全球范围内的迅速崛起，就在于从政府到企业对竞争情报的高度重视。每年日本政府都投入巨额资金进行竞争情报的收集与分析工作，并且向日本企业免费提供。在日本，每天有大量各类信息和数据产生，包括竞争对手的财务状况、员工人数多少、生产何种产品、产品有哪些市场，购买对手的产品并了解它们。了解了这些信息之后，再进行深入分析。

企业将这些事实与本企业获得的能够告诉对手的战略信息结合，根据这些信息了解他们的计划，自己的企业就可以有多种选择，在遇到攻击时，就能做好反抗的准备，并且留有后路。对竞争情报的有效利用，使得一些美国企业在与日本企业进行的市场争夺战中，发现了本公司在执行方面的不足，进而改之，重新占得先机。

2.要有自己的见解

做决策首先要有自己的见解，唯一可以印证某一见解是否符合实际的方法，应该明确承认“见解为先”这一基础——这是必要的做法。

有了这样的认识，才能知道我们是以“尚待证实的假设”为起点——决策程序如此，科学研究也如此。我们都知道：假设是不必辩论的，却必须经得起验证。经得起验证的假设才值得我们重视，经不起验证的，就只有放弃了。所以，领导者要想不断地提高自身的决策能力，首先就要有自己的见解，然后才是收集事实，对自己的见解加以验证，最后做出正确的决策。

3.要有良好的判断力

做决策要有很好的判断力。我们通常所做的决策，大部分都介于必须做决策与可以不做决策这两者之间。我们碰到的问题，大多数并不是“随它去吧，船到桥头自然直”，但也不至于严重到不做新决策便将无可救药的程度。我们的问题，通常多是如何改进，而不是如何做真正的变革和创新。当然，这类问题还是颇值得我们重视的。这就是说，对这类问题，虽不做新决策我们同样能够生存，但有了新决策，情况也许会变得更好。在这种情况下，就需要各级领导做出很好的判断。

而且，决策是在若干方案中的选择。领导者在经营决策的实践过程中，通常不是在“是”与“非”之间的选择，而是常常会遇到许多可以互相代替或类别差异不大的决策方案，并且任何一项方案均不一定优于其他方案，甚至在每一项决策的各个环节，也需要多种选择。领导者在这些各有差别又有些相似的方案面前，就需要拥有很好的判断能力，在许多可行方案中选择较优的方案，这会使经营的成功具有更大的可能性。所以，领导者若想做出正确的决策，一定要不断提高自身的判断能力。提高自己的判断力可以从以下几个方面入手：

（1）提升从广处探讨问题的能力的方法。先假设自己是领导者、管理者，然后思考所负责部门的工作方式是否适当？并从相关部门的立场做同样的考虑。此外，还要积极吸收新知识、新信息，帮助自己做出正确判断。

（2）提升长远思考问题的能力的方法。不妨自问："这种工作方法持续一年以后会怎样？"接着认真研究自己企业的中长期经营计划与经营策略的内容及基础，然后再探讨上述的研究内容和该年度的计划之间的关系。

（3）提升深入思考问题能力的方法。发生问题时，一定要追究"为什么会这样"。同时经常思考"这件事的本质究竟是什么"，并且认真研究经营方针的内容和基础。

马云语录

看见10只兔子，你到底抓哪一只？有些人一会儿抓这只兔子，一会儿抓那只兔子，最后可能一只也抓不住。

永远不把赚钱作为人生第一目标

第6句话 我们去帮助别人发财，别人发财我们才能发财，因为我们所需并不多。

一位成功人士说过：“世界上80%的喜剧跟钱没有关系，但是80%的悲剧都跟钱有关系；一个人的快乐不是因为拥有的多，而是计较的少，亿万富翁也有不快乐的时候，乞丐也有快乐的时光。”一个人生活得是否快乐幸福，跟钱的多少没有必然关系，所以永远不要把赚钱作为人生第一目标。

马云接受央视著名主持人杨澜的采访。

杨澜：一开始当你决定要辞去一份收入虽然不高但是很稳定的大学老师的工作，开始创办中国黄页时，你觉得是一个什么样的想法？我仍然不能够完全接受你所说的只是为了多一点社会实践。

马云：很多人不能接受，但是我事实上是这样。怎么说？我是上世纪60年代末出生的人，理想主义者，在学校里教书，天天给学生讲这些东西，我觉得我还是很单纯、幼稚。尤其到现在，我越来越明确一点：人生是一个过程，它不是一个目的，所以你经历过多少，犯过多少的错误，这才是最宝贵的。

杨澜：但是这让你听起来像个圣人。你真是这样想的？你真不是为钱？

马云：我马云比其他大部分CEO要坚定的是，我不为钱干，永远不把赚钱作为公司的第一目标。你说到这个就要做到。最后你反过来看自己赚了很多钱，这是个结果，它不是我追求的目标。因为我自己坚信，如果一个人脑子里就想赚钱的话，他脑子里想的是钱，眼睛里是人民币、港币，讲话全是美元，没人愿意跟你这样的人做生意的。

很多人心中，会赚钱的人就是一个成功的人，为什么呢？因为赚钱养家实在太不容易了，和梦想相比，金钱才是最实实在在的。

其实，个人的追求也可以是多样化的，三百六十行，行行出状元，只要把一件事做到极致，就总会成功，现在连玩游戏都可以成为职业了，还有什么是不可能的呢？

曾经有一位中国留学生在纽约学习MBA，课余时间便到华尔街附近的一家餐馆打工。年轻人心气很高，每天下班后，总是对着餐馆大厨高谈阔论。大厨侧过脸来好奇地询问他：“你毕业后有什么想法？”中国留学生答道：“当然是马上进跨国公司，前途和钱途就有保障了。看着吧，总有一天我会打入华尔街。”大厨又说：“我没问你的前途和钱途，我问的是你将来的工作志趣和人生志趣。”留学生一时语塞，他从来没有想过这些问题。

大厨叹了口气，说道：“进华尔街也没有什么了不起的，我以前就在华尔街的银行里上班，要是经济持续低迷，餐馆歇业，我就再回华尔街当银行家。”中国留学生差点惊了个跟头，他觉得不是大厨精神失常，就是自己产生了幻听，眼前这位大老粗，怎么能跟银行家扯上关系呢？大厨盯着惊呆了的留学生解释说：“我以前每天日出而做，日落却无法休息，午夜后才能回家，我厌烦了这种劳苦生涯。我年轻的时候就喜欢烹饪，看着亲友们津津有味地品尝我做的美食，我便乐得心花怒放。一次午夜两点多钟，我办完了一天的公事后，在办公室里嚼着令人厌恶的汉堡包时，我就下决心辞职去当一名专业美食家，这样不仅可以满足挑剔的肠胃，还有机会为众人献艺。”

1.树立正确的金钱态度

毫无疑问，马云能取得今天的成就，与他对金钱的态度有着很大的关系。马云重视财富，但不沉迷于金钱。马云的致富经历告诉我们：想要发财的人，必须正确地对待金钱。

钱在生活中并不能决定一切。只要有眼光，看准了那些能使你幸福的东西，就应不惜金钱去得到它。

2006 年 6 月 26 日，世界上最有名的炒股大神沃伦 · 巴菲特向比尔 · 盖茨夫妇发出邀请，他在纽约的公共图书馆举行会议，邀请各方人士见证他签署捐赠文件，将其大部分财产捐赠给慈善机构。他将从 2006 年 7 月起，逐步将其掌握的伯克希尔 · 哈撒韦公司的股票的大部分，捐赠给比尔 · 盖茨基金会，以及另外 4 个由巴菲特的子女及亲属管理的慈善机构。这笔捐赠据估计高达 370 亿美元，占巴菲特全部资产的 85%。

沃伦 · 巴菲特是世界上最富有的人之一，但是他没有被金钱冲昏了头脑，他知道金钱可以用来做什么，也知道金钱在自己生命中的地位，所以他将这些钱捐赠了出来，他的生命价值不但不会在公众的心目中有所下降，反而更加受人尊重了。

金钱并非最重要的，你一定要清楚地认识它。

2. 财散人聚，要懂得分享成果

蒙牛创始人牛根生也给予了马云很高的评价："马云给员工分钱非常大手笔，财散人聚能力非常强。"牛根生认为，马云是一位有出色分享能力的"领头羊"。自古道：得人心者得天下。马云将财富与所有的阿里人共分享，使得部下人人都把阿里的事业当作自己的终生事业而努力奋斗。

乐于同他人分享自己的劳动成果，这不是傻，更不是笨，而是一种博大的智慧，是对“与人方便，与己方便”的最深刻的领悟。只有强者才能领悟分享的必要。奥运冠军站在领奖台上发表感言的时候，总是要说：“感谢我的教练，感谢我的家人，感谢我们的团体，感谢所有关心、支持我的人。”这是对荣誉的分享，这些简单的话让所有人感到如沐春风。如果他把所有的成绩都包揽在自己身上，同时否定他人的贡献，大家一定会对这个人的品行感到厌恶，他的团队也不可能一如既往地支持他。

同样，一个懂得分享的企业老总总会说，公司所有的一切都是属于员工的。当合作共得利益时，他能够拿捏好分配的尺度，绝不独享，因为他知道，贪得无厌最终必将走向合作的破裂，付出巨大的代价。

马云语录

你不管做任何事，脑子里不能有功利心。如果一个人脑子里想着人民币，眼睛看到的是美元，嘴巴吐出来的是英镑，那这样的人是永远不会真正地把客户的需求放在第一位的。

用自我的个人魅力吸引人才

第7句话 在我们公司，尽管有来自北大、清华，也有来自哈佛、耶鲁等名校的学生，但是如果你在我公司问哪所学校最好，员工都会说：杭州师范学院！

人才，是任何一个企业都梦寐以求的，也是企业最宝贵的资源。如何引进人才，是管理者最关心的。马云认为，引进人才不能用唾手可得的利益来“引诱”，而要用企业的快乐文化和领导的个人魅力去吸引，让人才自己靠过来。

阿里巴巴的发展壮大，是由无数人的辛苦造就的，在这个过程中，有一个非常重要的人，称得上是阿里巴巴的贵人，他就是蔡崇信。可以说，离开了蔡崇信，就没有阿里巴巴的今天。

阿里巴巴成立之初，还没有建立完善的理念和配套设施，同时这套理念过于超前，所以无论马云如何宣传，国内的投资大佬们也不愿意出一分钱。辛苦终有回报，马云的计划受到了一些国际投资集团的注意，其中就包括蔡崇信供职的Invest AB集团。当时的蔡崇信任Invest AB集团香港区的副总裁，负责亚洲的投资业务。蔡崇信听说了阿里巴巴之后，亲自约见了马云，想要一探究竟。

二人见面之后，马云把自己的构想对蔡崇信和盘托出，阐述了自己要做全球最大的B2B网站的“芝麻开门”梦想，并且邀蔡崇信到自己的“公司所在地”——也就是自己湖畔花园的家中进行实地考察。

当年马云住着的一套四居室，改装成了工作室，不大的房间内，竟然有20多个人在工作，地上散乱地扔着床单等乱七八糟的东西。尽管条件十分艰苦，工作人员却露出愉悦和兴奋的表情，这一幕令蔡崇信十分吃惊，他看到了员工们对于阿里巴巴的无限热爱。而马云与员工的“零距离”亲密，更使蔡崇信感到十分惊讶。

不久之后，蔡崇信再次来到杭州，第二次约见马云，他对马云的创业故事很感兴趣。马云风趣地说，自己的创业历程就是一部带着“十八罗汉”打天下的史诗。虽然二人最后仍然没有谈及投资，但是可以看得出，马云和他的创业故事打动了蔡崇信。没过多久，蔡崇信做出了一个令所有人吃惊的决定，他请求加入当时还处在成长期的阿里巴巴。由一个年收入达几十万的高级经理人变成了一个月收入只有500元工资的阿里巴巴人。马云问他，你放弃大公司的副总裁职位，来到我们这个小公司，不会后悔吗？当时蔡崇信坚持自己的选择，用他自己的话说："如果不让我到这里来，我会后悔一辈子的！"

像蔡崇信这样的故事，在阿里巴巴并不是孤例，实际上被马云"洗脑"的人数不胜数。有一次，马云受邀在哈佛大学演讲，马云睿智幽默的演讲打动了哈佛的精英们，他们对于马云的崇拜已经达到了"五体投地"的地步，除了让马云享受了签名、合影等"星级"待遇，还有35个MBA学生当场拦住马云，要求和他一起"芝麻开门"，到阿里巴巴工作。

原央视著名主持人王利芬女士曾经对马云发出这样的感慨："在马云身上，有一点是一般人做不到的，那就是他没有一点虚荣心，他不怕没面子，能十分坦然地面对自己不太成功的过去，连自己的长相也在他自嘲之列。这一点对一个人来说真的并不容易，而且有许多人因为做不到这一点而将自己放大或架了起来，之后要不断地为这个放大的或架起来的自我费许多的精力，要演戏。而马云不用，他台上台下都是一个人，真实地表达自己的不足，也真实地表达自己的才华。我很难想象什么人能将马云忽悠起来，也很难想象什么人能把马云的自信打下去让他自卑。"

马云个子不高，相貌也不英俊，声音也不迷人，但是他有自己的人格魅力，在镜头面前，在观众面前，他总是能够侃侃而谈，谈笑风生。他活得轰轰烈烈、活得坦坦荡荡、活得真实自然。而且他这种人格魅力吸引了很多优秀人才来和他一起朝着自己的理想奋斗，成就一番大业。

很多成功的领导者，他们的身上都有一股巨大的吸引力，吸引着员工的目光，让他们无法抗拒，甚至可以为此而付出自己的全部。这就是领导者的魅力。领导者的魅力体现在各个方面，也各有不同的特点。

作为美国历史上最具人气的总统之一，林肯就是一个以个人魅力征服了无数跟随者，使得自己的工作顺利进行的好领导。林肯的魅力很多都来自于讲故事。而领导学领域的科学研究成果表明：故事是强有力的鼓舞手段，可以让人们全心全意而且忠心耿耿地为一个目标而奋进。一个合适的故事往往可以减轻拒绝和批评对人造成的强烈刺激，这样既达到了目的，又避免了伤害感情。林肯正是利用了这样的特点，把讲故事的手法发挥到了极致，即使是在与内阁成员进行最严肃的谈话时，也会用故事来表达自己的观点，以表明他的立场。他还用故事结束过一个讨论国家方针大计的会议，让会议既圆满又令人记忆深刻。林肯正是凭借这样的本领，使得自己在国民心目中具有了无限的魅力。

事实上，人们都愿意聚集在富有人格魅力的强者身边，希望同他们一起工作，因为这类人能给他们前进的力量，还可以激发出他们内在的潜力，把他们的积极性发挥到极致。对于员工来说，能够同一位富有魅力的领导亲密合作是一件令人兴奋而且幸运的事。因为领导者的魅力有助于凝聚人心，具有了个人魅力，就能给人际关系方面带来许多优势。领导魅力还可以使领导与员工之间拥有亲近和真诚的关系，而员工受到这种魅力的吸引，就会使他们产生一种积极的情感反应。

1.和蔼可亲的力量

对于一个身居要职的人来说，和蔼可亲的态度往往使他们更强大。贵而不骄、贫而不谄，都是难能可贵的品格，这种品格能够在下属心里产生巨大的影响力、感召力。

2.领导和表率的力量

作为一个企业的领军人物，领导者如何获得员工的认同？当然要大胆尝试，开拓他们的思路，为他们做出表率。领导者要通过以身作则、承担风险以及展现超群的能力，使追随者确信目标是合理的、能够实现的。这种带领大家一起翻越高山、替大家遮风挡雨的精神，必定成为最受员工喜欢的领导者的人格魅力之一。

3.鼓舞士气的力量

在日常工作中，领导者不需要做具体的工作，他们往往看上去更像是一个教练，能激励员工的士气，向员工传授经验，并且解决员工的问题，令员工折服。必要时，他们还会自己出来打仗。能让有能力、有意愿的人死心塌地跟着领导者打拼，并且激励有能力却意愿不坚定的员工坚定信念，这样的领导者才是最被推崇的。

4.远见卓识的力量

将才和帅才的区别是什么？将才善于攻城略地，而帅才运筹帷幄之中，就能决胜千里之外。作为一名领导者，必须要有远见，这是至关重要的。在处理关键问题时，迅速做出决策，采取行动，把不确定性转变成机会和成功的策略，减少追随者的担忧，并收获甚丰。这样的领导者往往会得到大家的信任和拥戴，从而使追随者心甘情愿地为企业贡献力量。

马云语录

我自己不懂技术，但我非常尊重技术，互联网能够发展到今天，离不开技术，没有技术的创新，互联网一切都是空话。在阿里巴巴公司内部，我们没有把技术人员放在第一线，但是在我的心里面，技术人员永远是我们公司最重要的资源。

★本章小结

真正的管理者希望通过管理服务他人

真正的管理者希望通过管理来服务他人。他们最看重的，是让自己所领导管理的部属产生改变，这种改变带来的成就感远远超过通过管理获取权力、金钱或名誉。而圣洁的心灵、悲天悯人的热情、精辟的见解，是主要的支持力量。

这种特质是一个领导者必备的，它并非与生俱来，而是在成长过程中逐步培养起来的。很多人有特殊的天赋，才能过人，但要成为真正的管理者，还需真正发挥这些天赋才行。真正的管理者除了善用天赋，更懂得承认自己的短处，并努力克服。他们的领导管理包括目的、意义及价值。他们擅长建立坚若磐石的人际关系，能让众人真心追随。他们的人格特质前后一致、高度自律，当所坚持的原则遭到考验，绝不轻言妥协。很多企业管理者会时时提升自己，因为他们知道，要想成为一个优秀的管理者，有时需要花费毕生的精力。

第二章

人人都有潜力，领导者要找出这个潜力

马云曾说过："判断一个人、一个公司是不是优秀，不要看他是不是从哈佛或斯坦福毕业的，不要判断里面有多少名牌毕业生，而是要判断这帮人干活是不是像发疯一样，看他每天下班是不是笑眯眯地回家。"

02

创办伟大公司要靠员工，而非Leader

第8句话 只要有这帮人在，做什么都能成功。

自古以来，成就大事的领导们，手下必然聚集了一大批得力的人才。得人心者得天下，得人心者方能得人才。勾践得范蠡辅佐，由弱变强，创造了“三千越甲可吞吴”的奇迹；刘备三顾茅庐，请得诸葛亮出山，才有了“三分天下”的壮举，赢得了蜀国数十年的江山。一个国家如此，一个企业亦然。无数企业因人才而兴，又因人才而败。

2005年10月，阿里巴巴与美国雅虎达成长期战略合作伙伴关系，这标志着中美两国最大的网络企业巨头正式开始走向合作。在这之后，马云在原有的阿里巴巴、淘宝的基础上，又整合出了雅虎中国、一搜、3721等数十种产品。更值得一提的是，马云的做法有意无意间惊动了全世界最强大的竞争对手，它们既包括eBay、

Google，也包括新浪、网易，这些正向电子商务领域迈进的各大企业，已给马云和他的“阿里军团”带来了前所未有的挑战。

在马云主持并购雅虎中国之后的第一个员工大会上，作为Leader的马云，开口的第一句话就是：“欢迎回家！以后只有一家公司。”在雷鸣般的掌声中，马云张开双臂，高喊着这句话。他紧接着又说道：“在我眼里，以后只有一家公司，就是阿里巴巴。6年前，阿里巴巴的员工在我家里上班；今天，偌大一个大会堂已经装不下我们的员工了；我希望再过6年，我们的员工大会可以放在万人体育馆。”

这一天，阿里巴巴的所有员工从全国各地聚集到杭州“受训”。虽然只有短短的40多分钟，马云却用一场酣畅淋漓的演讲把自己的整合“前奏”完整地表述出来，其一贯的激情燃烧了在场的3000余名员工。

在马云的带领下，每一个阿里人共同努力，短短6年间，阿里巴巴发展的速度非常惊人。但马云并不满足，他说，这一切离我们的理想还差得远，我们要创造一个中国人自己的、最伟大的公司。他表示，在阿里巴巴10周年庆典时，要进入世界500强，我们要做102年的企业。

阿里巴巴的发展之神速，虽说让人雀跃不已，但是未来谁也无法预测。如果未来出现灾难将会怎样呢？这时马云非常有远见地提出了这个问题，他向员工呼吁:“未来两年，不管阿里巴巴遇到什么困难，我都希望大家能留下来。我们是还很年轻，但时间不等人，我们必须边跑、边干、边调整。将来公司会保持10%的员工淘汰率，但只要不是罪无可恕，我都欢迎你们回来！”“创办一个伟大的公司，靠的不是一个Leader，而是每一个员工。我不承诺你们一定能发财、升官，我只能说——你们将在这个公司里遭受很多磨难、委屈，但在经历这一切以后，你就会知道什么是成长，以及怎样才可以打造伟大、坚强、勇敢的公司。”

就这样，马云通过晓之以理、动之以情的方式，使员工获得了直面困难的勇气。他这样的目的只有一个，那就是让3000多名员工团结成一个拳头，一起向同一个目标奋勇前进。这个目标是什么？就是“伟大的公司”。马云制定了这个目标，并且通过这个目标成功点燃了3000人的热血，吹响了整合的号角。正是这些使得阿里巴巴在市场的汪洋大海里，依然犹如一艘乘风破浪的“航空母舰”勇往直前。

由此可以看出，员工对于一个企业是多么的重要。从阿里巴巴的创业史可以知道，如果没有员工的热忱，没有员工的血汗，没有员工的默默付出，就不会有阿里巴巴的问世，更不会有马云这个“狂人”的存在。正是由于共同的目标，才让他们走到了一起，成就了中国的网络帝国，也成就了马云自己。

纵观古今，大多数组织的成功，管理者的贡献平均不超过两成，任何组织和企业的成功，都是靠员工而不是靠领导。

瑞安集团最早成立于香港，经过几十年的坚持，罗康瑞先生将它从一个小型的建筑公司，发展成了横跨建筑、投资与物业管理的大集团公司，为何瑞安集团有如此巨大的爆发力？董事长罗康瑞指出："一家企业最重要的资产就是人才。从我父亲给我 10 万元创业，到今天公司这个规模，主要就是靠我不断地引进和培训人才，为员工提供一个能发挥所长、与公司共同成长的环境。人力资源是我们最重要的资产，我们要吸引、发展和维护具有卓越才能的员工，为力求上进的员工提供发展的机会。"

对一家企业来说，它需要的资产有很多种，有的资产不会在资产负债表上显示出来，但是它们同样重要。例如，人力资产也是一笔重要的财富，同公司的其他资产(如技术、资金、原材料等)一样重要。在其他资源相同的情况下，正是因为拥有独具创造性和主动精神的管理人员，以及勤奋向上的员工，才促成了企业的成功。

亨利 · 福特是美国汽车史上的传奇人物，他很早就提出了"使汽车大众化"的宏伟目标。但是，靠他自己一个人是不可能实现这样的目标的。亨利 · 福特一世曾两次创办汽车公司，结果均遭失败。几年后，他第三次创办汽车公司，聘请了管理专家詹姆斯·库兹恩斯出山，担任福特公司的经理。库兹恩斯通过深入细致的市场调查，提出了具体的战略计划，还为福特公司设计了世界上第一条汽车装配流水线，把劳动生产率提高了80倍，让汽车大众化成为可能。

遗憾的是，福特的远见卓识似乎至此戛然而止了，当他戴上了“汽车大王”的桂冠以后，他变得自以为是，独断专行。他排斥不同意见，并宣称“要清扫掉挡道的老鼠”。为此，他先后清除了一批为公司做出过重要贡献的关键人物，包括被称为“世界推销冠军”的霍金斯，有“技术三魔”美称的詹姆，“机床专家”摩尔根，传送带组装的创始人克郎和艾夫利，“生产专家”努森，“法律智囊”拉索，还有公司的司库兼副总裁克林根、史密斯等。

随后，福特公司不可避免地慢慢走向衰落，内部的争斗使得福特元气大伤。到福特二世接手时，公司每月亏损达900多万美元——这就是不能接纳人才的后果。

福特二世接管之后，认真分析了之前的案例，从父辈的失败中吸取了经验教训，他不惜高价，聘请了号称“蓝血十杰”的“桑顿小组”，又用提供股票特权的方式从通用汽车公司重金挖来布里奇。布里奇来到福特之后，又给公司带来了几名高级管理人员，其中包括威廉·戈塞特、路易斯·克鲁索、D.S.哈德和哈罗德·扬格伦等传奇人物。这些人对公司进行了一系列改革，使公司重新焕发了生机，利润连年上升，并推出了一种外形美观、价格合理、操作方便、适用广泛的“野马”轿车，创下了福特新车首年销售量的最高纪录，把“福特王国”又一次推向了事业的高峰。

然而，就在福特二世获得巨大的成功时，魔咒悄然降临，他也走上了父亲的老路，甚至比福特一世更加独断专权。他嫉贤妒能，布里奇、麦克纳马拉等人被迫离开了福特公司。他又以突然袭击的手段连连解雇了艾柯卡等 3 位经理，最终整个公司人心浮动，人才外流，福特公司再次陷入困境。

经营一家公司，最重要的任务便是网罗人才。而在用人方面，怎样对待人才，则是管理者领导能力和驾驭能力的最高体现。在竞争激烈的商场王国中，要想在战争中取得胜利，最重要的一点就是懂得用人。所以，人才永远是把事业做大的资本，人才永远是企业的“常青树”。

除了人才之外，普通员工的存在同样重要。在对待员工时，要像对待自己的家人和朋友一样，使他们愿意为自己服务。要让员工看到希望，这样他们才会拼搏向上，同时也要给他们一定的后备保障，以此来免去他们的后顾之忧，让他们能够全身心地投入到工作中去。另外，要让员工感觉到你对他们的重视，让其更清楚地认识自己的价值，从而变得更加自信。

1.把员工放在第一位

“顾客是上帝”历来被众多企业奉为成功的法则。在竞争激烈的市场条件下，为了争取更多的市场占有率，许多企业都将目光盯在了顾客身上，十分重视他们的需求和意见。

其实，在现代企业的竞争中，这并不是一种完全正确的认知。的确，顾客是销售的终端，没有他们，企业的盈利就是镜中花、水中月。但作为老板，必须认识到这样一个事实：在人的知识、智慧、才能和技术越来越成为重要资本的今天，员工的积极性和创造性已经成为企业最重要的财富。可以说，现代人力资源管理的最终目标就是让员工的知识和才能得到充分发挥。借助于员工付出的时间、精力、才智和经验，企业才能得以保持活力和发展，顾客的需要才能不断被满足。

换句话说，只有对企业满意的员工才能为顾客提供周到全面的服务，获得他们的满意。

所以，在顾客与员工之间，员工才是第一位的，老板必须确保和员工合作的长久与稳定，真正关心自己的员工。

老板将员工放在第一位的认识能够促使他们为员工提供一个真正能发挥自己才能和智慧的舞台，使员工的个人价值得到最大程度的实现。这样，对老板怀着知遇之恩的员工便会发挥出最大的主观能动性。

2.尊重员工的意见

马云曾经说过："企业成败的关键在于是否把员工视为最重要的财产，是否尊重每一个员工。如果做到这一点，就能依靠员工创造出不同凡响的业绩。"

的确如此，对员工的尊重，是老板管理员工过程中必须遵循的一个原则。心理专家说：希望得到别人的尊重是我们的基本需求之一。员工也希望在工作场所里能够获得别人的尊重，他们希望能有人欣赏他们，对他们报以微笑。一个人不论具有多大才能，若无法满足其被尊重的需求，他的工作积极性和创造激情便会被大大地削弱。

所以，老板也应该像尊重专家那样尊重每个员工，用尊重感染员工、激励员工。

要想让员工心甘情愿地为企业付出自己的青春和热血，必须要提供相应的薪水，更重要的是要有良好的工作氛围，特别是对于高素质人才，更需要创造一种相互理解、轻松和谐的氛围，而老板就是这个氛围的缔造者。

然而，遗憾的是，很多管理者对自己的员工表现得不够尊重。他们发布强硬的命令，进行粗鲁的指挥、控制和监督，甚至对员工随意地斥责、诋毁，毫不顾及他们的感受，更不理会他们的想法和意见。这种态度必然造成不良的后果。

3. 让员工觉得他不只是“打工仔”

在传统的管理学中，老板与员工的关系很简单：我是老板，你是员工；你为我工作，我付给你薪水；你干得好，我就多付给你；你干得不好，我就少付；如果不满意，就另谋高就。在以前，这种观念很行得通，但是放在现在，如果一个老板依然怀揣这种观念来管理员工，始终把员工看作是一个“打工仔”，从不把个人利益与企业大局联系在一起，势必会造成企业与员工的脱节，那么，老板与员工双方得到的就不是双赢，而是双输了。

特别是对于年轻的“90后”，以及正在成长中的“00后”们，他们受过良好的教育，对于品德和自尊更加重视，当他们感到自己受到了不公正的待遇时，就会用行动告诉老板：“我不是好欺负的。”为什么现在的年轻员工们总是频繁跳槽呢？就是因为当老板的“80后”“70后”，甚至是“60后”们没有领悟到这一点。所以，老板必须改变自己与员工关系的认识，彻底扭转“员工只是打工仔”的心态。不仅如此，老板要想在管理员工的过程中收到良好的效果，还需要消除员工内心认为自己只是“打工仔”的心态，让他们认识到，自己不仅仅是为老板打工，更是为自己打工，是公司的事业伙伴。

员工也有自己的追求，他们在工作的同时，也希望实现自身的价值，实现自己作为一个独立的人的价值，他们希望把自己和企业的关系从过去的上下级关系、从属关系转变为平等的交换关系，即“我为企业创造财富，企业为我提供报酬和职业发展空间”。也就是说，现代意义上的员工已经不仅仅是把自己当成一名普普通通的打工仔，他们更希望自己能够成为公司的主人，这种价值观的改变，使得员工更加看重和追求自由的空间和平等的文化。

如果老板忽视员工的这一需求，就不能真正地做到尊重员工，更不能消除员工的“打工仔”心态，员工自然也无法将自己上升到主人翁的境界。在这种恶性循环之下，员工对自己的老板只会产生越来越难以改变的不好的印象。在这样的状态下工作，员工必然没有激情，可想而知，企业也就没有效率，更没有效益可言了。

所以，改变老板与员工的“员工只是打工仔”心态是老板迫切需要解决的问题。

4. 与员工同甘苦，共患难

如果对世界上所有成功的管理者进行分析，我们会发现他们失败的原因各不相同，但是成功的原因总是有相似之处，那就是领导者能够与员工同甘苦，共患难。对于现在的老板来说，我们不能确定拥有这种精神就必定能够获得良好的管理效果，但可以肯定的是，如果老板不能与员工同甘苦，共患难，那么，管理就必定达不到预期的目的。

这样的管理者无论在什么时代，都是值得学习的对象。历史既为我们总结出了教训，更为我们指明了道路，点出了方法。现在的老板，同样需要从历史中寻找解决问题的方法。能否与员工同甘苦，共患难，对老板是否能够实现有效的管理起着至关重要的作用。

所以，作为老板，要在身处逆境时，与员工共渡难关；时来运转时，与员工共享成果。唯有如此，才能赢得威望，得到下属爱戴，共创大业。

世界环境变化迅速，商场上的机会稍纵即逝，而竞争却在不断加强，领导者必须顺应时势，调整领导风格。对下属，有时要正面激励，有时得严格要求，有时要充分授权，有时得事必躬亲，有些议题得公开讨论，有些只能在台面下运作。顺应时势的领导者风格和“不真诚”不同，也不表示你角色多变而没能“做自己”。优秀的领导者能巧妙地掌握不同的领导风格，以顺应不同的环境，更深知运用不同风格的时机与诀窍。

美敦利公司的总裁比尔·乔治就是这样一位领导者，刚刚上任时，他花了很多时间熟悉公司业务、倾听顾客声音，同时还将重心放在激励员工上，以达成公司的使命——帮助人们恢复健康。与此同时，他又发现公司的决策与开销需要更严谨的审核流程，因此特别注意预算方面的监管，也紧盯人员编制的增加。很多人一开始对他心有疑虑，但最后都理解了他顺应时势、做所当做的领导者风格。毕竟，身为公司的领导者，他必须看到成绩。

5.管人管心，满足员工的需求

管理员工，最重要的是赢得员工的尊重和爱戴，要秉公执政，才能赢得员工的心，老板才能实现良好的管理。而要赢得员工的心，关键是要了解员工的内心，摸清他们真正的需求所在，然后满足这些需求。如此，才能够让众人的心追随着你。

其实，员工的要求很简单，总结起来，不外乎以下几个方面：

（1）按劳分配，多劳多得。员工都希望他们的工作能得到合理的报酬，希望自己的收入符合正常的水平，即按劳分配，多劳多得。如果和别人干同样的工作，却拿更少的钱，员工心里必然会产生不满。

（2）实现自己的价值，得到他人的认可。员工希望自己在领导、同事的眼里显得很重要，希望自己的出色工作能得到承认。老板适时地对员工鼓励几句、拍拍肩膀或适当增加工资，都有助于满足这种需要。

（3）尽量协调环境舒适和努力工作的关系。员工大都希望有一个安全、清洁和舒适的工作环境。但是，如果员工们对工作不感兴趣，那么再舒适的工作场所也无济于事。当然，不同的工作对不同的员工有不同的吸引力。作为老板，所应该做的就是认真负责地为你的员工选择和安排工作。

（4）劳有所得，能够看到未来的希望。一个有上进心、有追求的员工都希望在工作中获得晋升。向前发展是至关重要的，没有前途的工作会使员工产生不满，最终可能导致其辞职。当然，除了有提升机会外，员工还希望工作有保障，对于身为一家之主的员工来说，情况更是如此。

（5）由衷地产生集体认同感。员工们不仅需要感到自己归属于员工群体，而且还需要感到自己归属于企业这个整体，是企业整体的一部分。如果得不到这些，他们的士气就有可能低落，从而缺乏工作效率。

每一个员工都希望得到领导者的赏识，这几乎是所有员工的共性。但每一个员工在需求方面又都存在着各自不同的差异性。所以，如果你希望自己成为一名卓越的管理者，你就必须鉴别不同员工的共性需求和个性需求，然后对症下药，满足他们的需求。

马云语录

当员工达到100人时，我必须站在员工的最前面，身先士卒，发号施令；当员工增至1000人时，我必须站在员工的中间，恳求员工鼎力相助；当员工达到1万人时，我只要站在员工的后面，心存感激即可；如果员工增到5万~10万人时，除了心存感激还不够，必须双手合十，以拜佛的虔诚之心来领导他们。

用人最大的突破在于信任

第9句话 创业最大的突破和挑战在于用人，而用人最大的突破在于信任人。

在现代企业中，许多管理者都会遇到同样的问题：虽然自己为员工提供了最好的环境和物质保障，却发现员工并没有表现出与此相对应的工作热情。实际上，这一问题的根源并不在于你为员工提供了多么优厚的条件。对员工来说，即使再优厚的条件也比不上老板对自己的信任重要。对员工而言，他们重视的是个人价值的体现，上司对员工充分信任，那么，员工就能够最大程度地发挥自己的能力。

阿里巴巴、淘宝网等之所以能在中国网络史上独树一帜，甚至在亚洲和世界网络史上占据重要地位，这和他们善于用人是分不开的。“用人不疑，疑人不用”正是他们的用人原则。阿里巴巴的马云深知其中的深浅，所以即使遇到年终发生亏赔，只要不是人为失职或能力造成的，他不但不会加以责怪，反而会多加慰勉，立即补足资金，令其重整旗鼓，以期扭亏为赢。正如马云自己所说的那样："用人最大的突破在于信任人。"

在马云初出茅庐，为淘宝而打拼的时候，他曾经说过"团级以上干部要空降"，他对孙彤宇寄予厚望，但是当他问孙彤宇什么时候才能够打败易趣时，孙彤宇却并未给出他想要的答案，孙彤宇说3年之后方能击败易趣。马云意识到，孙彤宇现在也许只是个"连排长"，但他有成为"师长""军长"的潜力。更重要的是，马云认为孙彤宇是最适合带领"淘宝"的人。于是，马云把打造淘宝网的重任交给了孙彤宇。随后，马云又任命孙彤宇为阿里巴巴的副总裁，希望孙彤宇能把淘宝办成一个和世界顶级公司eBay竞争的公司，而孙彤宇也勇敢地承担起了这副重任。

事实证明，马云的选择是正确的，他没有被狂热冲昏头脑，而是选择相信孙彤宇这样的实干派。而孙彤宇也没有辜负使命，只用半年时间，他就把淘宝网做到了全球排名前100名，9个月做到了前50名，一年内进入了前20名。到了2005年，淘宝网的市场占有率达到80%，彻底打败了"易趣"。带领淘宝网从建立到打败eBay这个"巨无霸"，孙彤宇只用了两年！

马云用他对员工的信任创建了阿里巴巴的坚实基础，他对所有的阿里人都是非常信任的，在他看来，信任自己的员工是走向成功的第一步，是企业用人的第一标准。马云曾经对马小霞说：“女性创业一个最大的挑战就是用人，而用人最大的突破在于信任人，所以，这个是我的建议。”

还有件事不得不让人对马云的魄力感到惊叹。在2003年公司500多人的规模难以维系时，董事会一致要求公司裁员，这给马云出了一个不小的难题。因为公司刚刚壮大起来，并且这些员工全部都是和他一起“出生入死”的兄弟姐妹，他们热爱网络事业，热爱这个大家庭，他们看着公司从幼稚走向成熟，从无知到有知，从弱小走向强大，是他们撑起了阿里巴巴的今天，他们是了不起的平凡人，公司想要渡过这次难关不能离开这些员工们。于是，他用强而有力的证据说服董事会采纳了他的不裁员却大胆又冒险的意见。

对于一家企业的领导者而言，他不需要亲自冲锋陷阵，他要做的是凝聚人心，是建立公司与员工之间的信任，让员工充分了解工作的价值和意义，激发员工的工作和创造热情，并通过职责分配、授权等给予员工体现价值、追求卓越的机会。

在惠普公司内部，“信任”是一个常常被提及的词汇。惠普的领导者们明白，对员工付出一分的信任，就能够让员工回报百分的努力，从而能使公司的团队合作精神得以充分发挥。在惠普，存放电气和机器零件的实验室备品库是全面开放的，这种全面开放不仅允许工程师在工作中任意取用，事实上还鼓励他们拿回家供个人使用。因为惠普认为，不论工程师们拿这些零件做的事是否与他的工作有关，总之只要他们摆弄这些玩意就能学到点东西。

著名的管理学大师查尔斯·萨维奇博士曾经说过："怀疑和不信任是公司真正的成本之源。领导者与员工之间级别上的差异、心理上的距离以及互不信任直接导致了员工压抑的心理，长期如此会产生心理障碍或心理疾病。除此之外，怀疑和不信任还打击了员工的积极性，阻碍了创新。"

1. 让员工自己去面对

员工的能力是有限的，没有哪个员工能够解决所有问题，他们必须在解决问题的过程中获得成长。当他们感到苦恼时，领导者不妨向员工传授一些个人的经验。也有一些时候，员工不是十分信任领导者，他们认为领导们只会开口，不会动手。在这种情况下，领导者不妨对员工说："如果是我，我将这么做，你呢？"以类似的做法来指导员工，不但可保持自己的立场，将意见自然地传达给员工，还能让员工真正学到工作的实际技巧。

很多时候，员工和领导相处时，总是会有一种压迫感，紧张不安。当领导离开时，他们会轻轻地嘘一口气，感到自由。因此，离开员工是检验企业领导者是否成功的最好方式。有时候，领导者不妨故意制造这样的机会，这样一来，你将会意外地发现员工的潜力。如果你已经能够培养员工按照你所信任的方式去做，如果你让他们真正承担起自己的责任，如果你能让他们自主行事，那么，当你不在的时候，一切照样都可以圆满完成。

2.多给下属表达想法的机会

俗话说："三个臭皮匠，顶个诸葛亮。"员工们总是有一些奇思妙想，作为领导者和上级，不妨多给下属表达想法的机会。另一方面，对于他们的发言，你一定要认真聆听。这样你不仅可以从下属和员工那里获得最直接的第一手情报，而且，认真倾听下属的谈话体现了你对他们的肯定，从而使他们获得心理上的满足。

3.给有才能和勇气的员工提供高薪

在公司里，总有一些员工，他们不善于将自己的才能展示出来，有时过于谦逊，有时过于鲁莽。作为企业的领导者，要独具慧眼，将这些人发掘出来。在北京大学校园里，曾有这样一则广告：诚聘具有网络背景、熟悉互联网、具有一定的管理能力的人，要求英语六级，硕士博士优先，月薪要求低于1.5万元者免谈；诚聘熟悉三维动画设计的美工人员，月薪要求低于6000元者免谈。这则广告引来了众多的应聘者。一位应聘者如此袒露心迹："我敢来应聘，是因为我对自己有充分的自信，否则我不会来。该企业敢提高工资，对应聘者来说，具有一定的挑战性。"

一些企业负责人听说之后，对这位学生表现出了浓厚的兴趣，他敢要高工资，至少说明他有勇气。互联网时代，只有那些浪潮前的经理才是真正的成功者，跟在浪潮后面的人不会有多大的出路。互联网上的规则是：第一名可以成功，第二名可以获利，第三名可以谋生，其他的只好靠边站。我们需要的是有才能和勇气的人。

马云语录

在公司内部找到能够超过你自己的人，这就是你的发现人才的办法。如果你找不到，问题一定在你身上，你的眼光有问题，你的胸怀有问题，可能你的实力也有问题。

人尽其才：别把飞机引擎装在拖拉机上

第10句话 每个人都有潜力，关键是领导要找出这个潜力。

马云一手创办的阿里巴巴，如今已经成为全球最大的电子商务网站，这位董事局主席兼首席执行官的人生充满了奇迹，他的成功是一个神话，被业内人士称为网络帝国的“拿破仑”。其实，在他成功的理念中，始终不渝地相信一句话：“大材小用”或“小材大用”都是迈向成功的绊脚石。

在回顾他的创业历史时，马云曾经说过这样一段话：“阿里巴巴在发展过程中曾经走过很多的弯路。比如说早期的阿里巴巴就请过很多的‘高手’，而且还有来自500强大企业的管理人员也曾经加盟过阿里巴巴，结果却因‘水土不服’而夭折。”

对于自己的人生经历，马云幽默地将其称为：“就好比把飞机的引擎装在了拖拉机上，最终还是飞不起来一样，我们在初期确实犯了这样的错误。虽然聘用过来的职业经理人在管理水平上相当高，却不合适。”

马云毕业于杭州师范学院外语系，原本的工作是一名教师，却意外地成为企业家，而且还是一个互联网领域的企业家。他不懂电脑、软件硬件，却创办了世界上最大的互联网企业。别人是学习技术，而他却是在学习管理，因为马云深深地懂得，只要有人才，就能打天下。许多中国企业创业几年之后，只有领导人成长最快、能力最强。而一贯被人们称为一个狂人、一个孤独人的马云却认为：作为一个领导人应该学习唐僧，用人用其长处，管人管到位即可。马云的用人策略告诉我们，仅凭一人之力，企业永远做不大，自己也永远不会成功。

“你用6个月如果还找不到替代你的人，说明你招人有问题。6个月你找不到人，说明你不会用人。领导要能把自己员工身上最好的东西发现并挖掘出来，这才是领导应该做的。你要找这个人的优点，找到这个人自己都不知道的优点，这是你的厉害之处。每个人都有潜力，关键是领导要找出这个潜力。”马云一直都是这么认为的，并长期坚持使用这一套策略，最终这个用人策略助他走向成功。

马云在回忆整个创业史时还说：“造就一个优秀的企业，并不是要打败所有的对手，而是形成自身独特的竞争力优势，建立自己的团队、机制、文化。我可能再干5年、10年，但最终肯定要离开。离开之前，我会把阿里巴巴、淘宝独特的竞争优势、企业成长机制建立起来，到时候，有没有马云已并不重要。”阿里人在阿里巴巴的发展过程中起了至关重要的作用，而马云最自豪的就是能为每位阿里人提供一个适合他们发展的舞台，让他们大力施展自己的才华。

众所周知，马云是当今世界最成功的人之一，他创造了多项奇迹，建立了一个世界上最大的电子商务网站。但是这并不是马云最得意的地方，马云最得意的是他高超的用人之道，他创造了一个举世无双的团队。在马云眼里，学会用人才是最重要的。他经常说，不管你是“土鳖”还是“海龟”，也不管你是“旧臣”还是“新人”，只要合适的就是最好的。

美国通用电气公司在人事管理上很有心得，他们十分重视人的作用，甚至认为企业的成功取决于人事经理办公室。因此，从最高领导人到各级人事部门都很重视用人之道，并建立了整套人事管理制度——从职员的招聘、录用、培训、考核、任免、奖惩、工资和解雇等方面，加强对人的科学性管理，做到人尽其才，以确保通用在高度竞争的市场环境中居于领先地位。

通用电气公司每年都要经历一次大换血，人员的流动和调动十分频繁，所以各级人事职员事实上受人事部门和业务部门的双重领导，虽然他们原本隶属于人事部门。这些人事职员从不集中办公，而是分散到各个业务部门中工作，这样做的目的就是为了熟悉和关心职员的情况。

由于人员的流动如此频繁，通用电气公司的人事部门制定了一套崭新的流程，他们根据公司的生产、工作情况制定各部门人员编制。一旦某个岗位出现缺员，人事部门便会及时在公司内部招聘——通用电气公司人事部门根据用人单位的要求，发出通知张贴在公司布告栏上或刊登在内部刊物上，通知会明确地说明工作性质、待遇以及对应聘人员所要求的条件。

一般情况下，公司内部人员流动是不受阻碍的，所以，想报名的员工只需在申请表上填上本人的学历、工作经历、能力、健康状况等信息，再附上一封原上司或他人的推荐信即可。人事部门对报名表整理筛选后，通知本人来公司，与用人单位共同进行面谈，最后确定是否录用。当然了，如果内部招不到合适的人选，通用人事部门就向外招聘。

说到底，通用电气公司的观念就是关注人的作用，将人放在第一位，重视人才，重视用人，并且建立了一整套的人事管理制度，以此加强对人的科学管理，做到人尽其才，以确保公司居于领先地位。

唐代大文豪韩愈在《马说》中提到："千里马常有，而伯乐不常有。”世间不缺人才，只要有合适的时机，合适的位置，每个人都可以发挥出巨大的潜能。企业经营的关键就在于一个领导者怎样用人才能用到位，用得恰如其分，最大限度地发挥人才的优势和效益。在这一点上，马云无疑是最成功的。

事实上，每一家企业里都可能隐藏着诸多人才，能否让他们发挥出全部作用，关键是看领导能否识人，能否用人，这不是一个单纯的方法问题，本质上是思想问题。如果说企业的人才好比是优秀的演员，那么老板就应该做优秀的导演。如果“导演”能根据“演员”的不同性格，使每个角色都由最适合的演员出演，那么这场节目一定会取得成功。

1.全面了解自己的员工

有句话说得好:“事之至难，莫如知人。”任何事情，最难的莫过于了解一个人。当老板要任用一个员工时，必须对他的优点与缺点进行全面的了解，这样才能将他放在最合适的位置上。否则，即使他在某方面能力再高，也不能激发出他的工作积极性，做出大的贡献。

管理员工就是对员工的一个了解过程，这个过程不仅包括对员工生活的了解，也包括对员工能力、性格与特长的发掘。全面了解你的员工，是对员工进行管理的前提，只有这样，你才能将每一个员工放在最合适的位置上，从而发挥出他们最大的能力。

这就是说，老板要管理好员工，首先要知人善任，对于性格不同的员工，要将其放在不同的位置上。

（1）有的员工性格刚强，此类员工最大的缺点就是粗心大意。他们在论述大道理时，显得广博高远，但在分辨细微的道理时就失之于粗略疏忽。此种人可委托其做大事。

（2）有的员工性格倔强，此类员工最大的缺点是听不进别人的意见。在谈论法规与职责时，他能约束自己并做到公正，但说到变通，他就显得乖张顽固，与他人格格不入。此种人可委托其立规章。

（3）有的员工性格坚韧，能够坚持实事求是，把细微的道理揭示得明白透彻，但涉及到大道理时，他的论述就过于直露单薄。此种人可让他具体办事。

（4）有的员工能言善辩，反应也很敏捷，在推究人事情况时，见解精妙而深刻，但一涉及根本问题，他就说不周全容易遗漏。此种人可让他做谋略之事。

（5）有的员工标新立异，喜欢追求新奇的东西，在制定锦囊妙计时，他卓越的能力就显露出来了，但要他清静无为，却会发现他办事不合常理又容易遗漏。这种人可从事开创性工作。

（6）有的员工见解浅薄，不能提出深刻的问题，当听别人论辩时，由于思考的深度有限，他很容易满足，但是要他去核实精微的道理，他却反复犹豫没有把握。这种人不可大用。

（7）有的员工性格温柔，与人为善，但是此类员工最大的缺点就是思维不敏捷，谈论精神道德时，他的知识广博，谈吐文雅，仪态悠闲；但要他去紧跟形势，他就会因为行动迟缓而跟不上。这种人可用他去带动员工的行为举止。

（8）有的员工为人正直，此类员工最大的缺点就是喜欢斥责别人而不留情面；性格刚强的人缺点在于过分严厉；性格温和的人缺点在于过分软弱；性格耿直的人缺点在于拘谨。这四种人的性格特点都要主动加以克服。所以可将他们安排在一起，借以取长补短。

（9）有的员工没有主见，此类员工最大的缺点就是不善于思考，当他安排关系的亲疏远近时，能有豁达博大的情怀，但是要他归纳事情的要点时，他的观点就疏于散漫，说不清楚问题的关键所在。这种人可让他做小部门主管。

（10）有的员工性格温顺，缺乏主见，拿不定主意，要他去体会和研究道理会非常顺利通畅，但要他去分析疑难问题，他就拖泥带水，一点也不干净利索。这种人可委托他执行上级意图。

识人、知人、用人，这是老板对于人才任用的一个过程。在这个过程中，识人，即对他进行全面的了解是最关键的，只有清楚认识到他的长处和不足，才能决定将其放在何处发挥作用。能否全面了解自己的员工是一个老板能否管好员工的重要环节。

2. 发挥员工的长处

清代思想家魏源指出：“不知人之短，不知人之长，不知人长中之短，不知人短中之长，则不可以用人，不可以教人。”的确，如果从人的长处着眼，为对方提供和创造良好的条件，让他的长处得到充分的发挥，那么这个人日益增长的优势就会抵消短处的影响，或者填补短处的缺陷，进而实现自身价值；如果从人的短处着眼，用人的短处而不用人的长处，就会使人的长处被短处所排斥和否定，不能充分发挥作用，甚至断送他的前程。

由此可见，老板在用人时，应首先看他能胜任什么工作，而不是绞尽脑汁挑其毛病。

作为老板，对人、对自己的员工，即使是对毛病很多的人，首先要看到他的长处，才能充分利用他的才干。这也是老板正确的用人之道，即充分发挥一个人的优势，避开一个人的劣势。

老板的任务是寻找员工的优点，在使用过程中，做到人尽其才。如果企业的老板都能以人之所长而授之以职，那不仅人人都能发挥作用，毫无怨言，而且办事效率也会迅速得到提高。

由此可见，用人的目的正是在于人尽其才。而要人尽其才，老板就要做到以下两点：

第一，发挥人的长处。“文学渊博者为士师，农学熟悉者为农长，工程练达者为监工，商情谙习者为商董。”一个老板如果能做到这样随机变通，就可以实现人尽其才、企业长足发展的目的。

第二，要择人任势。老板要根据公司在发展过程中遇到的不同情况，选择可以应变自如、临机解决问题的人任用之。

美国著名管理学家杜拉克指出：“有效的管理者择人任事和升迁，都以一个人能做什么为基础。所以，他的用人决策，不在于如何减少人的短处，而在于发挥人的长处。”因此，发挥员工的长处不仅是老板管理员工的条件之一，更是对员工负责的体现。

3.合理搭配员工的优缺点

每一个部门都有着优缺点各不相同的员工。作为老板，应该努力寻找这些员工积极的品质，只有部门中成员的才干学识和个性互不相同，合作起来才能取长补短，产生惊人的力量。

成功的老板会将每一位部门成员的才华和能力转换成部门行动的丰富资源。每个成员的思想、个性、创新能力等，都是企业发展的重要因素。

在一个部门里，能够将每个员工的不同之处巧妙搭配，这个部门就是竞争力最强的部门；反之，搭配不当，性格上的冲突就会使得员工之间矛盾重重，不利于工作的展开，竞争力也会大打折扣。

所以，老板要想让自己的团队成为一支互补型团队，就必须了解四种类型的人：

（1）善于分析的人。

这类人善于在事情上投入时间，思考和进行理性推理。他们追求事实，拥有耐心，却也因此而显得小心谨慎，迟缓不前，总是希望在事情完全搞懂之后再采取行动。对于这种类型的人，老板必须努力事先准备好自己的问题，不要着急，要坚持不懈；支持他们的行动，重视他们深思熟虑的思维；说清楚所有基本要求，不要抱侥幸心理，不要指望计划外好事情的发生；对任何行动计划列出时间表，明确分清角色和职责；条理清楚，作说明时不可无序和凌乱；避免情绪化的争执；不食言，否则会招致他们的记恨。

（2）友善、关爱他人的人。

这类人特别体贴别人，富有同情心，他们总是出现在人们需要和可能受到伤害的任何地方。正因为他们花时间与各方联系，他们是世界上最好的协调员。其最大的优点是了解各种关系。但身处险境时，他们的反应通常是屈服。

对于这种类型的人，老板首先要以行动表示出对任务和对他们的承诺；其次对他们表示尊重，任何高高在上的态度都会伤害到友善型的人；倾听并回应；不要用生硬、命令的方式去对待他们；用“如何”提问，引出他们的意见；清楚说明要他们完成的任务；保证现有决定无论如何不会伤害、危及或威胁到其他人；对于做不到的事情，不轻易做保证。

（3）富于表现型的人。

这类人是胸怀大局者，总是不断从新的视角看待他们周围的世界。他们是未来导向的人，这可能是因为在未来才没有人约束他们的宏伟梦想。如果老板想得到直截了当的答案，那么表现型的人不是最好的人选；而如果老板需要直觉和创意，那他们再合适不过了。当身处险境，表现型的人会行动狂野，主动攻击。对于这种类型的人，老板应在谈论公务时，满足他们的社会需要，娱悦、刺激他们；谈论部门目标时也谈论他们的目标；要公开透明，强硬和沉默对表现型的人不起作用；征询他们的意见和主意；注意宏伟蓝图，而不是技术细节；用他们认识和尊重的人或事例来支持自己的论点；提供特殊待遇、额外补偿和奖励；尊重他人，千万不要以居高临下的口气对他们说话。

（4）富有实干精神的人。

这类人是地道的“让我来”的实干型人才。他们最大的强项是：追求结果。如果想同人讨论一项工作，就找其他三种类型的人；而如果想完成工作，那就把它交给这类型的人吧。富有实干精神的人可能是尖刻的自我批评者，非常憎恨闲聊。当身处险境，他们会变得暴躁。对于这种类型的人，老板必须做到简明扼要、直截了当，“效率”当头；不离主题，不要闲聊，杜绝任何漏洞，消除任何歧义；随时准备就绪，清楚手头任务的要求和目标，将自己的论据整理成简明的要点，清楚而有条理地陈述事实；所提问题要具体，不要转弯抹角地探求答案；对于不同意见，要对事不对人；列举出目标和结果来说服他们；有礼貌，不要摆出老板的架势咄咄逼人。

能够运用好这四种类型人的老板就能管好员工。

马云语录

你用6个月如果还找不到替代你的人，说明你招人有问题。6个月你找不到人，说明你不会用人。

不靠高薪留人，靠的是相互信赖

第 11 句话 永远要相信边上的人比你聪明。一个相信边上的人比你聪明的人，才是真正的智慧者，相信自己比别人聪明，麻烦就会来。

要想让员工卖力，就得给他们相应的报酬，让他们感觉自己的付出没有白费。但是钱并不是一切，高薪固然有一定的诱惑力，却不能真正地留住人才，一旦别的公司比你付出的报酬更多，你怎么能肯定有些人不会弃你而去呢?

1999 年至 2000 年，马云简直成了“空中飞人”，他跑遍了几十个国家，参加了全球各地的所有商业论坛，疯狂地去发表演讲，用他那张天才的嘴宣传他全球首创的 B2B 思想，宣传阿里巴巴。

他每到一地，总是不停地演讲，他在 BBC 现场直播演讲，在麻省理工学院、沃顿商学院、哈佛大学演讲，在“世界经济论坛”演讲，在亚洲商业协会演讲。

马云挥舞着双手，对台下的听众大声说道："B2B模式最终将改变全球几千万商人的生意方式，从而改变全球几十亿人的生活！"很快，马云和阿里巴巴在欧美名声日隆，来自国外的点击率和会员呈爆增之势！《福布斯》和《财富》这样的重量级财经媒体也开始关注马云和阿里巴巴。

那段时间，马云把到欧美名校讲学看成是销售的一部分："沃顿、哈佛的MBA五年后就是大公司的高层，在他们脑子里播下阿里巴巴的种子，五年后就发芽长大了。"

奇怪的是，马云越是疯狂，台下的听众越是对他痴迷。马云凭借他的智慧和口才，在哈佛进行了一次演讲，之后有35个哈佛MBA的毕业生投身到他的企业。

马云的智慧和口才为他聚拢了不少人才，然而如果仅仅靠这些肯定不足以留住人才。马云能够长久地留住人才是靠着更为重要，更为可贵的东西。

从马云创业之初，他身边始终聚拢着一些有着共同理想的人。1997年马云从杭州到北京的时候，带去的是8个人。后来1999年从北京回到杭州，这8个人不仅一个都没有少，而且还发展壮大到了18个人，究竟是什么把原来的人留了下来，而且还凝聚来更多新的力量？

有一些人猜测他们之所以会留下来是因为马云给他们支付了高

工资。对此，马云说：“不可能说高薪，怎么可能高薪。当时我觉得有一点是蛮感动的，决定离开北京以后，我们去了趟长城。这个镜头我到现在还经常记得。那天很冷，到了长城上面，有一个人在长城上还号啕大哭，他说‘我们为什么杭州做得蛮成功，到了北京，北京做成功以后又要丢掉’。然后在长城上面我们就发誓说，我们回去，我们就不相信我们不能建立一个伟大的公司。所以在长城上我们说要建立一个中国人创办的，全世界最好的公司，所以有的时候在最困难的时候，我们永远要回忆这个东西。每一年我跟这18个人，就吃一顿饭，有时候都见不到，当然我们吵架很多了，吵架太多，犯的错误也太多了，但是我们互相信赖。”

马云身边始终有“十八罗汉”相伴，靠的不是高薪，而是相互信赖。

真诚和信赖是一个团队极其珍贵的东西。只有大家彼此真心相对，相互信赖，才能和谐相处，才能同心协力地做事业。一个相互猜忌、缺乏信赖的团队必然有一天会分崩离析。

金钱买不来员工永久的归属感，控制无法获得他们长久的服从，只有信任能够产生一种神奇的作用，催生出员工对工作、对公司的责任感，促进其自我管理、自我激励，把潜能变为显能。

这是因为，人在受到信任的时候，一般都会产生快乐和满足感，进而迸发出全力以赴的热情。可以肯定地说，老板信而不疑，那么员工不仅会被老板信任自己的态度深深打动，而且会被老板的能力和成就深深吸引。

一个真正信任员工的领导者，一定也会受到大多数员工诚心诚意的信任。毕竟，人是有感情的动物，几乎每个人都有“投桃报李”“以心换心”的想法。相反，那种漠视他人对自己的托付的责任、时刻想利用管理者对自己的信任的人，只是成千上万人中的极少数。

领导者只有充分信任员工，放手让其工作，才能使员工产生强烈的责任感和自信心，从而焕发出积极性、主动性和创造性。所以说，信任是一种有力的激励手段，其作用是强大的。

信任你的员工，实际上也是对他们的爱护和支持。特别是对于那些担当试验者、拓展者、探索者角色的员工，那些敢于直面老板的错误提出建议、意见者，那些工作勤勉努力犯了错误并努力改正者，领导的信任是其最后的精神支柱。柱倒则屋倾，在上述情况下，老板切不可轻易动摇对他们的信任。

企业领导者对员工的信任与员工感受到的责任感常常是一致的，但生活中的误解也是常常发生的，因此管理者对员工一定要坦诚。如果出现变故及不利因素，有话要说到当面，不要在背地里议论员工的短处。对员工的误解应及时消除，以免积重难返。有了错误要指出来，但一定要是帮助式的而不是指责式的。

1.允许员工发表意见

在和员工一起研究工作时，只要条件允许，就应该先听听员工的意见和看法。当员工由于自己的看法和上级不一致，而表现出含糊其辞或竭力“靠拢”管理者的观点时，作为上级，应及时鼓励员工坦率地提出不同意见。当员工在上级鼓励下，大胆发表了不同意见，而这些意见确实比管理者原来的想法高明时，应当予以肯定；如果员工表述的意见毫无可取之处，也不要生硬地完全否定，而应该首先肯定它在某些方面具有参考价值，然后再详尽地说出自己的看法。要知道，在员工面前充分发扬民主作风，正体现了管理者对员工的最大信任。

2.不要因员工一时的失败而否定他

在员工屡遭挫折，工作进展不大时，决不能因此而抹杀他过去的成绩，怀疑他的才能，草率地中途换人，而是应该及时向员工提供必要的支持和帮助，消除他在工作中遇到的障碍。

3.让员工参与到日常的管理中

在制订计划、执行、检查、总结等管理过程中，管理者应尽量吸收员工“参与”这些活动，让他们充分发表自己的意见。通过最大限度地满足他们愿意“参与”的心理，来增强他们对管理者的信任。

4. 适度给员工“松绑”

对员工不必统得过死，管得过严。给予员工适度的自由，让他们根据自己不同的兴趣、爱好、特长和追求，去努力实现个人的“目标”。有时候，员工在个人小目标上取得的进展，不仅不会影响上级制定的大目标，反而更有助于大目标的提前实现。相信员工的自我约束能力，适度“松绑”，也是对员工的充分信任。

有意“免检”员工从事的某项工作，甚至对员工在工作中偶尔出现的小过失佯作不知，只要本人知错改错，不再重犯，就不予细究。

马云语录

每一年我跟这18个人，就吃一顿饭，有时候都见不到，当然我们吵架很多了，吵架太多，犯的错误也太多了，但是我们互相信赖。

只要有这帮人在，做什么都能成功

第 12 句话 我们一定能成功。就算阿里巴巴失败了，只要这帮人在，想做什么一定能成功！

人各有志，很多员工不甘于在一家公司一直待下去，或自己“单干”，或者跳槽。这样的情况，对于任何一家公司来说都是存在的。就像马云所说：“在奔跑的过程中，团队一定会有人掉下来。”关键是，如何对待员工跳槽的情况。对跳槽的员工视而不见吗？还是想尽一切办法强留？

有一次，马云参加《对话》栏目，在录制现场，谈到马云的团队时，主持人突然抛出一个令人尴尬的问题，主持人说：“你曾经说阿里的团队中有一种不离不弃的精神，但是当年的不离不弃今天怎么样了呢？这个事实写在我们的另外一块板上。来，我们看一下。在这块板子上，我们看到这样一个事实，40%的老员工现在离开了公司。”

马云说:“有可能，事实上也是。不离开才是奇怪的。熬过了冬天的时候我们犯了一个很大的错误，一有钱，我们跟任何人都一样，我们得请高管，我们得请洋人，我们得请世界500强的副总裁。我们请了一大堆人包括咨询师，讲起来全对，做起来全错。你都不知道是谁错了，反正总是我们错。所以我后来讲过，就像一个飞机引擎，波音747的引擎装在拖拉机上面，拖拉机不会飞起来，反而四分五裂了。我如果当时不进行这样的手术，可能我们公司今天就没了。所以我们请到了很多高管，500强中前100名的几乎请进来的都这样，后面也有30%，或40%。在最痛苦的时候，2002年、2003年开始建销售团队，我们销售团队的影响力是很高的。

至于老员工的离职，我觉得有很多原因，我们的企业文化很强，但是还没有达到最好，因为这是一个只有5年的公司，尤其是2004年以后，很多年轻人加入我们公司，充满了理想主义。这些问题是一个年轻公司带来的问题。就是说你在奔跑的过程中，团队一定会有人掉队。如果说哪个公司在奔跑的五年以内，可以发展到2000名员工，平均年龄26岁，经历过互联网的高潮、低潮然后再起来，然后又能够在全世界200个国家和地区发展，有700万家的网商使用你的产品。你说没有人能掉队，我是打死也不相信。“271”现象是我们公司的特点，20%的是优秀员工，70%的是普通员工，还有10%每年是一定要离开的。”

在社会高速发展的今天，人才就像候鸟，在大公司之间不断地迁徙，跳槽已经成为当下人们工作中的一种常态。人才的跳槽本不是一件错事，但要是竞争对手没有做出高薪或升职的承诺，还是把你的优秀成员给挖走了，你就要认真想一想，是不是你的人才策略出了错误?

你的员工之所以要离开你，可能是由下面这些原因导致的：

他们认为你并不是一个好的管理者；他们觉得为别的企业工作更值得；你的团队名声不好；他们认为，只要他们不离开这个团队，提升的机会就小得可怜；管理者表现得太想留住员工，但他们认为，时间再长，你就会尽力阻止他们离开，这样，他们一有机会就马上离你而去；又或者是他们觉得你不会欣赏他们做出的努力，如果他们工作数年，工资却始终原地踏步，那么至少可以找个能够赏识自己的领导。

以上这些都是常见的离职原因，但生活中并不仅仅有这些情况，还可能有很多其他原因。不管怎样，人才的流失都是公司的损失，会直接威胁到团队的生存和发展，管理者必须阻止这种现象。先仔细反省一下自己的“所作所为”，看看他们到底为什么要跳槽。这虽然不是什么开心的事，但如果你不想再失去员工的话，就必须这么做。

人才跳槽主要有以下几种情况。

1. 高薪资的诱惑

更高的薪水是一般人跳槽的最大原因。如果员工觉得报酬不能养家糊口，或者是没有正确地反映自身的价值，与自己的期望值相去甚远，就会觉得不满意，就会辞职。对于这样的情形，并没有最好的解决办法，尤其是领导者认为他们的薪水已经足够的时候，即使此时为增加工资而与员工谈判，无论采取哪种处理办法，对公司和员工都无好处可言。

美国波音公司有一年遭遇了大规模“离职潮”，领导层为此头痛不已，他们找到了心理学专家，请他们给出一个合理的解释。专家找到了其中的 50 名跳槽者，对他们进行了询问，其中有 40 名为增加工资与老板进行了谈判，27 人因被加薪而留下来继续为公司效力，但在不到一年多的时间里，其中的 25 人因各种原因又离开了公司。

实际上，这些人真正在乎的并不是工资是否增加，而是波音公司是否为他们的成长和发展提供了必要的环境，遗憾的是，波音公司并未做到这一点。如果公司想留住这类员工，务必从工资之外的方面做文章，要让他们感觉到公司能给他提供比金钱更有价值的东西，比如和谐的环境、公平的竞争、人性的关怀，等等。相信没有人会仅仅为了钱而去工作的，尤其是在满足了正当的物质要求之后。

2. 怀才不遇

很多人经常产生怀才不遇的感觉，尤其是工作不对口的人，更容易产生这种感觉，让一个北大毕业的文学硕士，去工厂做一个装配工人，他又如何能长期坚持下去呢？

实际上，一个员工工作量的多少并不能说明他对公司是否满意。有的人能够轻松做好自己的工作，但是在他的内心，他并不喜爱这份工作。如有位负责销售工作的部门主管，其工作成绩在公司连年都超定额，创汇、利润都很可观，是公司的骨干。可他却对制作电视广告情有独钟，希望有朝一日成为电视制作部门的主管。此时如果有合适的广播电视公司，他一定义无反顾地离开销售工作转去做电视广告的制作。

如何去挽留他呢？满足他的成就感，让他把工作做到极致，做成艺术，让他做出世界上最好的产品。如果他确实才华横溢，兼做两份工作都很出色，这不仅能满足他对兴趣的追求，又能为公司留住人才，不会因人才流走而担心销售额下降。

3. 工作环境较差

一些企业总是想把人才私有化，以实现对人才的“全拥有”，他们恨不得让员工变成机器。于是出现了工作时间、范围不明确，员工不得不昏天黑地、没日没夜地干，工作环境很差，久而久之，员工人走也就不足为怪了。

4.任用不公平

你的公司里或许有一个能力很强，同时又有开拓创新精神的人才，人们都认为他将是某经理的接班人。你必须认真思考：给他什么样的职位，如何提拔他更好？如果在他的任用问题上稍有疏忽，处置不当，将会给公司带来不必要的麻烦。要么这位能人会因位置不好而另寻高就；或者会使那些资历比他高、工作时间比他长、职位较低甚至较高的人为此而抱怨公司“一碗水未端平”，厚此薄彼，甚至拂袖而去。那么，如何处理比较妥当呢？

事实上，人才流失的原因肯定不止以上几个，高明的管理者应根据具体情况，想出具体而有效的对策。有调查数据显示：在选择企业时，33%的人关注个人发展，31%的人关注工作自主性，28%的人关注成就感，8%的人关注钱。对于外部环境的诱惑，企业不可能改变，唯一能做的是着眼于企业内部，找出人才跳槽的根源，因病施药，建立并强化能让人才忠于企业的用人机制。

马云语录

你的团队离开你的时候，你要想到一点，我们需要雷锋，但不能让雷锋穿打补丁的衣服上街去，让他们跟你分享成功是很重要的！

以情感笼络人，打造团队

第 13 句话 什么是团队？团队就是不要让另外一个人失败，不要让团队任何一个人失败。

俗话说“将心比心”，你怎样对待别人，别人就会怎样对待你。人心都是肉长的，也许他会拒绝你的钱，不接受你的礼，但他却不能抗拒你对他的好。作为管理者，只有和下属搞好关系，赢得他们的尊重和拥戴，才能调动起他们的积极性，从而促使他们同心同力，努力工作。

上大学时，马云凭借自己的努力，登上了杭州师范学院学生会主席的位置。他非常热心，乐于助人。有一次，班上有一个同学被取消了研究生考试的资格，马云为他感到十分心痛，因为这个同学的专业成绩很好，只是因为一点小事，就被取消了考试资格。如果他不能参加研究生考试，就意味着要被分配到远在农村的家乡，再也不会有专业发展的机会。尽管马云和他只是泛泛之交，但是马云还是为了他四处奔波，他去找了班主任、系领导、院领导等，足足花了两天半时间，才终于说服了这些人。最后，他们同意恢复那位同学的考试资格。

十年之后，马云早已忘记了这件事，独自一人在深圳漂泊。然而有一天，这位同学突然找到了马云，激动地握住他的手说：“我听说你到了深圳，所以专门从广州赶来看你。”马云一脸茫然，想了很久，才记起了这位同学。而此时，他的这位同学已是一家著名的外资企业在广州分公司的总经理。

后来，马云成为富甲一方的著名人士，结交了无数的名人豪富，但是当他想起这件事时，仍然感慨万分，他说：“虽然也有被出卖的伤痛，但一颗善良宽容的心，总能交上一大把真诚的朋友。现在不定什么时间，突然没来由地会有一个朋友打电话过来：‘喂，马云，现在怎么样？没什么大不了的，有事我们给你扛着！’”

马云一直保持着这种热心肠，也正是由于他的这种可贵的品质，这种近乎浪漫主义的理念，才使他身边聚集了一大批人才。在阿里巴巴创业元老“十八罗汉”核心成员中，竟然有一大半是马云的学生，这在全世界的创业案例中也是极其罕见的。这些朋友，有他的同事，有因为他讲课出色而崇拜他的学生，有在夜校等地方认识的生意人。若干年以后，无论是马云率队北上，还是“杀”回杭州，总有一些不离不弃的伙伴形影相随，比如昔日的同事、现任阿里巴巴副总裁的彭蕾，昔日的学生周悦红、韩敏、戴珊、蒋芳等人，因为对这位曾经的马老师的钦佩和敬慕，他们“脑子一热”也就跟着马云一起闯荡商界了。

要想管理好团队，将团队打造成一流的团队，作为团队的管理者，就必须懂得对员工进行感情投资。特别是在竞争日益激烈，人与人之间的感情日益淡化的今天，情感已是管理者不可或缺的资源和财富。在管理者管理团队的过程中，不仅物质投入可以获得回报，感情的投入也可以收到意想不到的效果。

没有哪个团队的领导者不希望把自己所在的团队管理好并做出成绩，但是怎样才能做到？从上面的事例中，我们得到了一个答案，那就是仅仅依靠制度、权威是不够的，还需要懂得对员工进行感情投资。

作为公司的领导，你不能仅仅把员工看作工作机器，而是要对他们付出真感情，使员工产生“归属感”，而这种“归属感”正是员工愿意充分发挥自己能力的重要源泉之一。没有哪个员工希望被上司排斥，更不希望自己有朝一日会成为被炒的对象，如果得到了来自上司的感情投资，员工的心理无疑会安稳、平静得多，所以更愿意付出自己的力量与智慧。

另外，朋友间的感情可以使员工更加大胆，他们能够放开手脚，有效地激发出开拓意识和创新精神，鼓足勇气，工作起来便无所担心。如果管理者能够对员工进行感情投资，建立充分的信任感、亲密感，就会有效地消除员工心中的各种疑虑和担心，从而更愿意把自己各方面的潜能都发挥出来。

由此可见，要想增强团队成员的归属感，提升团队的整体战斗力，最终成为一支一流的团队，团队的管理者就必须注重对员工进行感情投资。事实上，那些优秀的团队管理者之所以能将团队不断做大做强，其中有一个很大的原因，就在于他们都善于对下属进行感情投资。

1.鼓励顺利完成工作的下属

当员工赶了几个通宵，最终辛苦地完成工作时，领导者要表现出足够的重视和关爱，如果领导态度冷淡，就像什么都没发生过，甚至对员工提出更多更过分的要求，员工就会感到受到了伤害，并会在心里想："以后再也不这样卖力了。"反之，如果管理者在此时能够对下属说几句贴心的话语，表示出理解，并鼓励他以后好好干，则结果就会截然相反，下属会因此而认为管理者重视自己，对自己的努力还是心中有数的。

2.理解并支持在工作中碰到困难的下属

无论做什么工作，都会碰到一些难题。这时，管理者应该表示理解和支持，而不是批评和嘲讽。这样，才能充分鼓舞下属的勇气，使其努力克服困难，完成工作。

3.认同勇于表达自己不同意见的下属

人人都喜欢听好话，领导也一样。领导们最喜欢自己的决定受到所有员工的支持，如果有人提出异议，他们往往会感到心里不舒服，尽管他们并不总是表现出来。如果你想成功地管人理事，就必须改变这种弊病。对于此类下属，不仅不应反感，而且应该进行鼓励，无论他的看法是否正确，是否可行，你都应该对其具有的勇气和精神表示认同，给予鼓励。

总之，在管人理事中，不懂得对员工进行感情投资的管理者，不可能成为成功的、卓越的管理者。想让下属听从你的指挥，不能只靠强制和命令，还必需通过感情投资激发员工的巨大潜能。

马云语录

今天的阿里巴巴，我们不希望用精英团队。如果只是精英们在一起，肯定做不好事情。我们都是平凡人，平凡的人在一起做一些不平凡的事。

“快乐”文化铸就优秀团队

第 14 句话 判断一个人是不是优秀，不要看他是不是来自哈佛，是不是来自斯坦福，而要判断这帮人干活是不是像发疯一样干，看他每天下班是不是笑眯眯地回家。

领导者建立一个优秀团队的最大特点，就是员工在努力工作的同时可以获得乐趣。因此，在实际工作中，领导者要为员工营造快乐的工作气氛，因为工作气氛会直接影响员工的工作积极性和心情。很难想象，一个人在压抑的氛围中还会有创新的工作和高涨的工作热情。

阿里巴巴的员工总是面带笑容，因为他们是一个快乐的团队。阿里巴巴的宗旨就是“快乐工作，快乐生活”。

卫哲，曾经是百安居中国区总裁。他刚进阿里巴巴公司的时候，感到非常吃惊：“这恐怕是中国笑脸最多的一个公司，而且执行能力超强，但我不知道为什么！”

是的，阿里巴巴恐怕是中国笑脸最多的一家公司。踏进阿里巴巴，就能看到这样的情景：一群销售人员在一部部电话前站着，手舞足蹈……

在阿里巴巴，年轻的工作人员占据了绝大多数，他们每天身穿时髦的衣服，坐在开放的办公桌前。上面是巨大的招贴，写着：“不惜代价、竭尽所能、赢得胜利。”2004年，马云在一家体育馆组织了2000多名员工集体参加的阿里巴巴成立五周年庆典。在聚会上，淘宝员工们尽情地挥舞着印有淘宝吉祥物——蚂蚁的旗帜(淘宝的吉祥物是蚂蚁，因为他们认为组织起来的蚂蚁能够打败大象)，在长达4个小时的庆典结束之际，每位员工都手牵着手，唱着“不经历风雨，怎么见彩虹”。随后，员工们去迪斯科舞厅尽情跳舞到深夜，马云也一直和他们在一起。

阿里巴巴的快乐来自于马云的大力倡导。马云曾经说过：“员工第一，客户第二。没有他们，就没有这个网站。也只有他们开心了，我们的客户才会开心。而客户们那些鼓励的言语，又会让他们像发疯一样去工作，这也使得我们的网站不断地发展。”

在阿里巴巴，对员工的工作时间没有严格的限制，只要完成工作任务，随便在什么时候上下班。

马云认为：提供宽松一点的工作环境，可以让员工心情舒畅，开心工作。而且马云也带头鼓励大家带着快乐的心情来工作。马云平时不仅会把自己的快乐展示出来，而且经常会制造一种气氛来逗员工开心。在公司里，他就像个闲不住的大男孩，一不留神就出现在员工身后，眉飞色舞地聊聊业务，不露声色地给些启发。马云曾把手机铃声设成《我们是共产主义接班人》；他喜欢围棋，可是下得很臭；玩“四国”(一种游戏)，也很臭；玩“杀人游戏”时总是第一个出局，因为话太多。

马云鼓励员工发展各种兴趣爱好。在阿里巴巴杭州总部，墙壁上随处可见大家一起出游的照片，员工们自行发起组织了 10 个兴趣小组，每个小组都有一句搞怪口号，活动费用全部由公司来承担。

在 2005 年雅虎中国和阿里巴巴大联欢的晚会上，马云化装成一个维吾尔族姑娘，戴着面纱，穿着民族服装，摇头晃脑地跳着新疆舞，把狂欢之夜带入了高潮。而阿里巴巴的首席财政官蔡崇信，平常是一个极其不苟言笑的人，也会穿上女人的丝袜，在大庭广众之下跳性感的钢管舞。

领导的身体力行，自然给团队带来了欢乐和笑脸。阿里巴巴员工也用轻松的心态来工作。当交易额超过预定标准时，员工甚至会在部门经理的领导下“裸奔”，男员工会脱掉上衣，甚至只剩下一条短裤。正是由于员工这种轻松欢乐的心态，使阿里巴巴以及淘宝的业绩连年上涨，成为增长最快的公司之一。

要想打造一个高效的团队，领导者必须要保证做到两点：舒适的环境和轻松的氛围。现在人们越来越重视快乐工作，一个人如果长期处于一个紧张的工作环境中，他的神经也会跟着紧张起来，这对他的精神和身体健康都不利。

谷歌是无数人梦寐以求的理想公司，在谷歌总部的办公室内，随处都可以看到漫不经心的工作人员，他们有的在品尝公司内部提供的咖啡、甜点，有的在享受游戏带来的快乐，也有的沉浸在曼妙的乐曲中……对于大多数中国的企业家来说，这一切简直可以说是无法无天了，怎么可以在上班时间如此散漫？而在谷歌，这是再平常不过的情形了。

良好的环境缔造了谷歌人良好的工作效率，员工的放松和宽松的工作环境背后，是他们为谷歌创造出来的惊人的工作成绩，通宵加班也好，节假日不休息也罢，没有什么可以比工作成果更重要。有很多人不明白，为什么谷歌可以在世界上称雄，在软件行业里稳坐“老大”的头把交椅，如果看一看谷歌的管理方式，也许就会有所顿悟吧。

事实上，谷歌提供的待遇是令人惊讶的，谷歌为员工配备各种室内室外的运动设备与场地，员工们不仅可以踢足球打篮球打网球，还可以游泳攀岩学跳舞。谷歌甚至配备了专门的游戏室给那些爱打电玩的员工。此外，还有贴心的生活福利，例如免费的理发、按摩、洗衣、洗车服务，甚至是免费的法律咨询和心理咨询服务。好环境才会有好心情，好心情才会有高质量、高效率的工作。

领导者营造宽松的环境不只是让下属放松，更会使工作提高效率，甚至可以改善领导和下属之间的关系。当领导者自身的积极乐观散发到整个团队时，快乐的力量就会不断地上升，影响其他人，形成一个快乐的环境。在谷歌，员工们都对周围的工作环境非常满意，觉得这是他自己的一方天地，他们在其中工作舒适自在，如同在家一般。

1.为员工提供一流的工作环境

美国工商管理学教授戴夫 · 沃尔克曾经说：“员工们过一段时间就会关注一次薪水的变动，但是当他们对工作失去兴趣时，再多的金钱也留不住他们的心。”现在，人才对企业的要求越来越高，他们不仅需要符合其劳动能力的薪酬，更需要舒适的工作环境，以及对工作的满意度。如果没有这些作为基础，老板便无法留住这些人才，一旦人才开始流失，企业的发展也便失去了动力。所以，老板必须要放弃能省则省的心态，为员工创造舒适的工作环境。

设想一下，在一栋破旧的写字楼内，不仅没有空调，员工们还需要忍受烦人的噪音，员工的工作效率必定不高，他们甚至连手指头都不想动一下；在另外一栋写字楼内，虽然有空调，也没有噪音，但是员工们却都挤在一个小小的办公室内，大家胳膊碰胳膊，脚尖踩脚跟，杂物乱堆乱放，满地都是灰尘，在这样的环境，员工能努力工作吗？如果连老板都不愿待在这样的地方，那么请不要让员工在这样恶劣的环境中工作。身处这种工作环境中的员工，不仅打不起精神来工作，性格也会变得孤僻和冷漠。

要想发挥团队最好的工作效益，就要努力改变这种令人厌恶的工作环境，为员工提供一个舒适的工作环境，这样才能让员工更好地为企业服务。更重要的是，当员工们在这种适合自己发展的环境中体会到企业所寄予的厚望时，就会更加努力进取，而这也可以用来解释优秀的企业之所以成为优秀企业的原因所在。

2.使员工感受到他很重要

当一个员工觉得自己在组织中很重要时，就会产生一种强烈的使命感。团队使命感最大的作用便是强调团队目标和成员工作目标的一致性，强调团队成员之间的吸引力和成员对团队的向心力。

当一个组织变得日益庞大，基础架构也变得日益复杂时，要维持公司一向标榜的团队使命，并不是件容易的事情。向员工灌输使命感的关键就是要做到让公司的每个员工都觉得，自己参与了一项很伟大、很特别的事，而此事的重要性也许足以超过他们自身。

一个有效的方法是把团队调整到共同的目标，通过所有环节的一致性，员工可以认同团队的价值观和信念，也了解组织目前的营运和努力方向，那么他不但会努力达到眼前的目标，也会关注组织的更大目标，于是就能相应地尽己所能，对大目标有所贡献。

马云语录

我希望我们每一个员工都能上班像疯子，下班笑眯眯，而不是把工作当成负担，每天像个苦行僧一样地活着，没有笑脸的公司是痛苦的。

上下同心才能共渡难关

第 15 句话 创业者是有团队的。黑暗之中一个人走是可怕的，但那么多人手拉着手走的时候那是快乐的，那是勇往直前。

如果对世界上所有的领导者进行分析，我们会发现他们的失败各有不同，成功的原因却有一个共性，那就是能够与员工同甘苦，共患难。作为企业的管理者，要在身处逆境时，凝聚人心，与员工共渡难关，唯有如此，才能赢得威望，得到员工爱戴，共创大业。

2003 年，阿里巴巴成立 4 周年，第一个“五年计划”尚未结束，就遭遇了无数场严重的危机。2000 年，他们遭遇了网络经济的泡沫，在创立之初就赶上了互联网从狂热的盛夏到冬日的严寒；接下来的一年，阿里巴巴给自己定的目标是，做“最后一个站着的人”；直到 2002 年，阿里巴巴在整个互联网都不赚钱的情况下，才完成了“赚一块钱”的目标。

然而，就在马云信心满满，准备大干一场的时候，阿里巴巴又遭遇了一场突如其来的灾难，险些将他刚刚提出的目标葬送海底。

2003年，中国爆发“非典”，阿里巴巴内部也出现了一个疑似非典的员工，由此导致全公司的人都被隔离。马云面对了更为严峻的双重挑战：一方面来自公司业务，“非典”时期正是电子商务发展的极佳时机，但是隔离使得员工无法正常工作，即使可以在家上网办公，但是任何企业在这之前都未有过类似的管理经验，马云也只得“摸着石头过河”。在2003年五一长假结束的前一天，已得知隔离消息的阿里巴巴所有高层都忙于整理通讯录，安排电信部门给员工的家里安装电脑、宽带和通信设备。所有人对这一场战役都没有十足的把握。

而另一方面，来自员工家属的质问则让马云更加头疼。内心矛盾重重的马云面对的压力何其大！在危急时刻，为了凝聚人心，为大家鼓劲，马云怀着十分复杂的心情提笔写了一封信。这不是一封家书或者商业来往函，因为收件人是阿里巴巴的所有亲友。

尊敬的阿里亲友：

这几天我的心情很沉重！从上午知道确诊后到现在，我一直想给所有的人表示深深的歉意！如果今天有任何事可以交换我们不幸的患病同事的健康，如果今天我们可以做任何事来确保同事和杭城父老兄弟姐妹的健康，我愿意付出一切!!

我知道今天做任何解释都毫无意义！毕竟事情已经发生！我为

我们的同事在事发前所做的一切应急预防准备工作表示遗憾！因为我们的准备工作也许是杭州最好的之一，但由于种种偶然的因素，我们还是被SARS击中！而我们的应急方案居然真的派上了用场！

确实，阿里巴巴存在很多不足之处和漏洞，很多问题我们会在灾难后认真反省！作为公司负责人，我很想承担所有的责任，如果可以的话。但理智告诉我，今天还不到指责埋怨的时候!!今天我需要和大家一起共渡难关，迎接挑战！一家由年轻人组成的年轻的公司，经过这次考验我们会成熟得很快！

这几天令我感动的是，面对挑战，所有阿里人选择了乐观坚强的态度，我们互相关心、互相支持。在共同面对SARS挑战的同时，我们没有忘记阿里人的使命和职责！因为灾难总会过去，而生活仍将继续，与灾难抗争并不能阻止我们继续为自己钟爱的事业奋斗！

我为有这样的年轻人而骄傲！我为自己能在这样的公司里工作而自豪！

我也希望阿里的家人朋友们为你们这样的年轻人，这样敢于接受挑战的年轻团队而鼓掌！因为他们没有选择恐慌、退缩和悲观！这是阿里价值观的作用！阿里人能理解！

现在我还想向大家宣布一件事：从今晚起阿里巴巴所有杭州员工可能面临全部隔离！我想为了我们自己，为了家人朋友，为了杭城父老，也为了阿里巴巴的明天，我们就过上几天封闭生活吧！

我理解大家现在的心情，真的对不起！影响了大家的生活和工作！养好身体比啥都重要！请大家认真配合有关部门的工作！请各位阿里人把此信转给我们尊敬的亲属、朋友和所有因我们而受各种损失的人士！并向他们表示深深的歉意！

让我们共同为那位生病的同事祈祷！祝福她早日康复！这几天我们还会和大家通过网络联系，我们仍会一如既往客观透明地报告我们所知道的任何情况！

再次向各位表示歉意!!

谨致诚挚的问候，衷心祝愿大家身体安康！

阿里人：马云

马云发自肺腑的信件无疑如一针镇定剂，在安抚情绪的同时，以阿里巴巴独具人格魅力的企业文化价值观和员工对话，向员工家属表示歉意，获得了所有人的支持。

之后马云曾在一次采访中提到：“在当时的情况下，我们的员工被隔离在家里办公，这些员工以及他们的家人都参与了公司的工作。你打电话过去，可能是个妇女，也可能是一位老人接的电话：‘您好，这里是阿里巴巴……’”马云觉得那一刻他十分感动。

“那个时候没有人监督，大家都很自觉。早上8点多到了上班时间，大家就都上线，开始工作了。那个时候，每天会收到很多同事的问候邮件，还有马总的邮件，大家互相鼓励。闲暇的时间，我们会在网上聊天，晚上的时候我们经常飚歌，还有很多人把自己做的菜秀在空间里。在一个本应该充满了恐慌的日子里，我们却感觉特别的快乐和温暖。”这是一位员工的回忆。

危机中，马云凝聚了人心，大家共渡难关，阿里巴巴也得到了升华。在隔离期间，阿里巴巴各方面的指标非但没有下降，反而有了很大的提升。由于隔离将传统的销售渠道封闭了，反而让一些人的目光转移到了互联网上，开始尝试电子商务，而且新的个人交易平台淘宝的上线也给了他们很大的鼓舞。

历史上不乏创业的奇迹，一个老板，几个下属，再加上一间简陋的办公室，就能创造出商业史上的传奇。这些人的成功靠的是自己与下属同甘共苦、患难与共。这种情况下，上下的心往一块想，劲往一处使，还有什么困难不能够克服呢？还有什么原因能使他们不成功呢？其实，患难与共并不是一件难事,苦尽甘来后仍能共享繁华才更加难能可贵。范蠡曾经评价认为，危难情况下，同舟共济，共渡难关，往往是唯一的选择。但困难过后、苦尽甘来的时候，仍能与部下共享安乐的，就不是那么容易做得到的了。

土光敏夫是东芝的领导者，在他 70 多岁高龄的时候，还去考察东芝在全国的各个工厂。有一次，他在前往工厂的途中，正巧遇上瓢泼大雨。他赶到工厂下了车，不用雨伞，对站在雨中的员工们讲话，反复强调“人是最宝贵的”。员工们很是感动，他们把土光敏夫围住，认真倾听着他的每一句话。炽热的言语把大家的心连到了一起，使他们忘记了自己是站在大雨之中。此情此景，十分感人。

讲完话后，土光敏夫的衣服早已湿透了。当他要乘车离去时，激动的员工们一下子把他的车围住，一边敲着汽车的玻璃窗，一边高声喊道:“社长，当心感冒!保重好身体，才能更好地工作。您放心吧!我们一定会拼命地工作!”面对这一切，土光敏夫情不自禁，被员工们的真诚打动得泪流满面。他想到了自己的职责，更加坚定了与员工同甘共苦的决心。

无独有偶。春秋战国时期，重耳在即位之前，深得介子推的帮助。他即位之后便论功行赏，功大的封邑，功小的晋爵，大家各得其所。但介子推不愿受封，重耳仍把“绵上”这个地方封为介子推的祭田。此后，众臣更加竭力相报，终于协助重耳打败了楚国。

“以史为鉴，可以明得失。”作为一名主管，身处逆境时与下属共渡难关，时来运转时千万不可居功自傲，独自享有成果。只有这样，才能赢得下属的爱戴，创造出属于自己的伟业。

1.处于逆境时，要与下属同心协力

哪个公司都有运气不佳之时，哪个领导也都有身处逆境之日。这时，一个出色的领导须扮演好舵手角色，看准航道和航向，带领员工们共同努力，克服困难。这时，千万不能“抠”架子，随便指使别人。公司处于危险时，领导者更要尽一份力，否则浪打船翻，你自己也要掉进海里。

2.时来运转，莫忘“难兄难弟”

当时来运转、春风得意之时，千万不能翻脸不认人，做过河拆桥、忘恩负义的事。这样的领导必会为人所不齿，谁愿意自己拼命保全的竟是一个忘恩负义的小人？一旦其魅力丧失殆尽，且背上不义气的骂名，曾经的“难兄难弟”绝不会再为他效力，新来的人也会望风而逃。这时，不妨慷慨解囊，为员工加薪，让他们分享你的成功，使他们的满足感和成就感也得以实现，这才是最正确的做法。

一个公司的发展壮大，是管理者与员工同舟共济的结果。而这种在患难中形成的上下级关系，往往是最牢固的关系。但身为领导，一定要做到有难同当、有福同享(尤其是后者)，才能使事业蒸蒸日上。

马云语录

让每一个人的才华真正地发挥作用的道理就像拉车，如果有人往这儿拉，有人往那儿拉，互相之间就先乱掉了。我在公司的作用就像水泥，把许多优秀的人才聚合起来，使他们力气往一个地方使。

★本章小结

老板要做优秀的“导演”

唐代大文豪韩愈在《马说》中提到:“千里马常有，而伯乐不常有。”世间不缺人才，只要有合适的时机，合适的位置，每个人都可以发挥出巨大的潜能。企业经营的关键就在于一个领导怎样用人才能用到位，用得恰如其分，最大限度发挥人才的优势和效益。在这一点上，马云无疑是最成功的。

事实上，每一家企业里都可能隐藏着诸多人才，能否让他们发挥出全部作用，关键是看领导能否识人，能否用人，这不是一个单纯的方法问题，本质上是思想问题。如果说企业的人才好比是优秀的演员，那么老板就应该做优秀的导演。如果“导演”能根据“演员”的不同性格，使每个角色都由最适合的演员出演，那么这场节目一定会取得成功。

第三章

我们有一个原则，免费不等于劣质

马云曾说过：有人说，阿里巴巴有一天收费的时候，用户就会跑掉，我可以告诉他，阿里巴巴现有服务免费的，将来也永远不会收费。将来我们推出新的服务，我们会收费，你觉得不好，就别付费，就这么简单。现在有人说阿里巴巴不收费都那么好，要收费那还得了，不知好成什么样。

03

经营企业，诚信为本

第16句话 诚信绝对不是一种销售，更不是一种高深空洞的理念，它是实实在在的言出必行、点点滴滴的细节。

人无信不立，企业同样需要诚信。信誉是一种宝贵的资源，它直接关系到企业的生死存亡。面对日益激烈的市场竞争，企业只有意识到信誉对企业的重要性，只有视职业操守为生命，才能长久地发展。信誉长期积累，就会变成无形资产，构成企业重要的新的资本形态，支撑企业和产品的品位。这就是企业的信誉文化。

做生意要讲诚信，为自己赢得众人的赞誉和认同，以诚待人，以诚经营，是企业得到长久利益的根本保证。信誉比钱贵，贪心失顾客。欺诈、蒙骗来的不义之财，虽然会让人得到一点小甜头，但随之而来的将是更大的损失。

说起马云的成功之道，其中一定少不了一个“诚”字。马云得到过很多人的支持，而这些人原本和他并不相识，他们之所以要这样做，就是因为一个“诚”字。

马云毕业的时候，校长对他说了这样一番话：“我希望你5年之内不要有什么想法，不要离开你的岗位，老老实实做你的老师!”因为马云的各方面都很优秀，他被破格分配到大学教书，到杭州电子工业学院担任英语及国际贸易讲师。他是当年他的母校杭州师范学院500名本科毕业生中唯一被分配到高校任教的。作为马云的师长，校长非常了解自己的学生，他知道马云胸有大志，但是他希望马云在做事之前，拥有更深刻的诚心，如果他的第一份工作都不能够坚持到底，以后他又怎么可能走得长远呢?

知道校长的一片苦心之后，马云郑重地做出了一个承诺：5年之内不离开讲台。马云刚参加工作月薪是89元，当时到南方做翻译月薪是1000元。为了这个承诺，马云没有离开；三年后，马云工资涨到120元，而中国已经更加开放了，随便找个地方，翻译的月薪不会低于3600元，但是马云还是没有离开。直到最后，马云一共做了6年半老师，才向校长递交辞呈。至此，马云兑现了自己的承诺。

走上创业之路后，马云始终坚持一颗诚心待人。有一次，为了做成一家企业的生意，马云跑了好几趟，一次一次向这家公司的老总讲解有关电子商务的知识。但是这家企业的老总就是怀疑这是个“骗鬼的东西”，始终没有松口。马云没有放弃，最后一次临走的时候，他要了一份这家企业的资料。几天之后，马云带着笔记本电脑回来了。这位老板亲眼看到电脑屏幕上显示的自己企业的主页时，才终于相信了马云。

马云讲诚信，诚信也帮助了马云。马云在做“中国黄页”时，先将客户的资料用快件寄到美国，让美国的同事做成网页挂到网上。但当时国内还没办法上网，所以这样的运作模式就有点“空手套白狼”的味道，所以做起来难度很大。应当说，当时做中国黄页，是最难以销售的：眼见不到，仅凭你红嘴白牙一白话，别人就乖乖地把钱交给你，的确难以做到。但是马云做到了，靠的是一个“诚”字。

孔子说：“人而无信，不知其可也。”一个人没有诚信，就好比缺了两条腿，根本就不能行走，就更不用说奔跑了。

一个人要想提升自我的魅力，就必须做到“言必信，行必果”，否则不但无法有效交际，结识新的朋友，即便已经来到我们身边的朋友都会选择离开。

古往今来，人类留下了无数个关于诚信的故事，他们启发着后人。古代有季布一诺千金的故事，也有宋濂连夜抄书、曾参诚信教子的故事，现代则又有邓颖超冒雨赴约的故事，毛泽东依时归还图书的故事，等等。

1967 年，郑周永在韩国创立了现代企业集团，数十年后，将其打造成跨越全球的巨型企业，这其中就离不开郑周永的诚信之念。20 世纪 50 年代，郑周永的建设事业崭露头角，事业有了起色，但是朝鲜战争爆发了，一个意外的打击无情地降临到他的头上。那是 1953 年，郑周永的现代土建社承包了一座大桥的修建工程。由于战时物价上涨，开工之后，工程费总额竟比签约承包时高出了 7 倍。在这严峻的时刻，有好心人劝阻郑周永，赶紧停止施工，免遭进一步的损失。但郑周永的想法是金钱损失事小，维护信誉事大。他毅然决定：为了保住现代土建社的信誉，宁可赔本甚至破产也要按时把工程拿下来。现代土建社终于按时将工程完工，保质保量地按时将其交付使用，却付出了巨大的代价，郑周永也因此濒临破产。但是，郑周永也因此树起了恪守信用的形象，赢得了人们的信任，生意一个接一个找上门来。不久，他投标承包了当时韩国的四大建设项目，它不仅使郑周永的“现代建筑”赚得了丰厚的利润，而且压住了同行对手，一跃成为韩国建筑行业的霸主。

在现实生活中，许多人无法认识到诚信的力量，仅仅为了一点小利小名，就拿自己的人格和名誉做赌注，就像在跑马场中赌博一样地面无愧色，这是一种多么可悲的行为！要想使自己的事业有大的发展，必须要讲信誉。否则你将永远不会获得成功。郑周永宁可输掉老本，也不输信誉，从而使他的生意越做越兴隆。

1. 稳定的产品质量

质量是企业的生命，质量也是企业诚信经营的体现。早在1987年，美国质量管理协会主席哈林顿就曾说过："现在全世界正在进行着一场第三次世界大战，这场战争不是用枪炮的流血战争，而是商业战、贸易战，它的关键武器是质量。"企业生命的长短，取决于企业产品的质量；企业形象的好坏，取决于企业产品的质量，保持产品品质的稳定性和持久性，才能立足市场，受到消费者的喜爱。

2. 真诚积极的行动

好的形象和好的行为，都应该源于企业的经营理念。企业经营理念是企业的基本价值观，体现了整个企业的"心灵"。其主要包括：企业基本价值观、行为准则、道德规范和员工责任感、荣誉感等。其中价值观是核心内容，而行为准则、道德规范是企业基本价值观的外在表现。企业经营理念是企业的基本精神，它决定着企业的基本形象。

处于复杂社会关系之中的企业，要想提高美誉度、赢得良好的口碑，必须随时保持诚信经营的理念，并且与外界建立起水乳交融的关系。在某种程度上，消费者的态度决定了企业的兴衰。消费者除了购买产品，也购买了企业的服务，他们对产品和服务的满意度越高，购买率也会随之越高，企业因此也将兴旺发达；反之，企业就会衰退。企业的每一个举动，甚至一个微不足道的细节，都像一面镜子，反映出企业文化、人文精神、整体素质、意识水平。真诚积极的行动远比华丽的辞藻更有助于树立企业形象和赢得声誉。

马云语录

品质、质量之中没有秘密，我把阿里巴巴所有事情都跟别人讲，淘宝网的做法也对外讲。品质不仅仅是团队，更是文化和制度，是一整套东西。

做生意不能靠小聪明

第 17 句话 我们坚信一点，新经济也好，旧经济也好，有一样东西，永远不会改变，就是为客户提供实实在在的服务。如果没有有价值的服务，网站是不可能持续发展的。

有战略眼光的企业家，他们的事业能够取得成功不是因为他们有多么聪明，他们是靠信誉、靠真本事来获取的。事实证明，那些自以为聪明的唯利是图之人，最终会因为自己的恶行而砸了自己的招牌，聪明反被聪明误。

在《赢在中国》第一赛季晋级篇第六场上，马云和翟羽进行了这样一段对话。

马云：你在 2002 年和 2003 年创办启明时代这个公司，为什么不做了，当时的想法是怎么样的？

翟羽：当时那个公司是我离开惠普之后的第一个创业公司，当时没有生意，本来我有一个合伙人，要拿 40 万，其中 10 万开一个公司的，他钱没有到位。当时我谈了一个108万的项目，但108万的项目只给你5000块的项目预付款，问我做不做，我就做了。利用惠普的名誉，用我公司的远期指标拿过来，这样倒来倒去，把生意做成了。做好了后我又做了两个单。合伙人又把钱拿过来了。做这两个单的过程当中，赚的钱他给我买车，买了两辆车，我就没有钱了。说明我对财务观念和经营理念、股东股权不懂，我只是一个赚钱者，虽然能赚钱，但是经营是一个傻瓜。后来我不跟他合作，结果他欠了六万块钱，我应分到几十万，但也没分到。后来我就出国了，去学商业管理了，因为我觉得这方面被人骗得太惨了，回来准备再搞一次，看我能不能行。

马云：在澳大利亚读两年书后你又成立了一个公司？

翟羽：对。

马云：那个公司怎么样？

翟羽：读书的时候没有成立公司，那时候没有钱，口袋里最少的时候就剩10块钱，跟同学借，家里又给我寄钱。早上上课，下午也上课，晚上陪老婆逛街。我想快点毕业，想快点走，我实在支付不起那么高的费用。临毕业三个月时，我发现一个商机，家长把孩子送出国去之后，孩子能毕业的概率太小了，但他们都喜欢拿一个毕业证回去跟父母交代。我发现一个商机，很好拿学位的办法，代理一个学位在线，我就从这当中赚钱，很快我积累了原始资金，我就逃回来了，成立了现在的公司。

熊晓鸽：卖假文凭？

翟羽：不是假文凭，那是有备案的。

马云：你去澳洲前第一家公司没干好，你就去学商业，到了澳洲之后你支付不起那笔费用。你去之前知道有多少学费吗？

翟羽：知道有多少学费，我认为当时还能付得起，但是去了之后完全不是想象的那样，我去了之后发现花钱太快了，远不是我的消费能力可以承受的。

马云：吴总问了你N多问题，现在公司要做，你有关系，你有技术，技术是你开发还是别人开发的？

翟羽：团队。

马云：你懂吗？

翟羽：我懂。

马云：你该有的都有了，什么东西你没有？

翟羽：钱是肯定没有的，这个问题不想这么回答你马老师，因为我曾经跟田园老师说过，聊了很久，他非常支持我，最后他给了我一句话，他说如果没有一个在商场中有名望有地位的真正的企业家推荐你的话，也许你就不会成功，但是我说了推荐你也许会改变你的后半生。

马云：我觉得你非常聪明，我给你一些建议，这世界最不可靠的东西就是关系。因为没有钱，没有团队的时候要靠关系，我们这些人都一样，尤其像我当年一样，我更没有关系，没有钱的。记住，关系特别不可靠，做生意不能凭关系，做生意也不能凭小聪明，做生意最重要的是你知道客户需要什么，你试试再创造下去，一定要坚持下去，一定会有机会。

同样是做生意，有的品牌能够风靡全球，经久不衰，有的品牌却如流星闪过，稍纵即逝。为什么会有这样的差别呢？究其原因，还是和产品质量有关。很多商人挖空心思地要小聪明，在产品质量上动手脚，以为能蒙混过关，在短时间里确实挣了一点钱，但是到最后终究要被市场所淘汰。那么，这些人的小聪明是真的聪明吗？李嘉诚曾经说过：“小商靠智，大商靠德。”要想把生意做大，不要一门心思地要小聪明，要诚信经营，从客户的利益出发。

1.要巧妙地运用诚实

做人要诚实，但是也要讲场合，场合不对时，也要学会说一些善意的谎言。但是虚伪圆滑，不可养成习性。如果你始终都讲一些圆滑的话语，即使有时讲的是真话也无人相信。你讲的总是诚实恳切的话，偶尔讲一次有水分的话，别人也不会太过跟你计较。在销售过程中，你表现的作用很大，表现好了，不好卖的商品也可以卖出去。

2. 显示谦卑的态度

做生意，要把自己的姿态放低一点，显示出谦卑。与别人谈判时，谦卑也是起跑线。人们有一种传统意识，希望你比他低、有求于他，他才肯帮助你。如果心理上老想胜过别人，以气势压人，谈判就不会成功。但谦卑不要过分，不要让人感到肉麻、讨厌。

3. 赞美对方的优点

做生意时，要多对别人进行赞美。人们都希望得到尊重。所以，你应该在事前就尽量搜集对方的各种信息，找出他引以为傲的特长来。然后，在具体接触时可以有的放矢，适当赞美。让对方心情好，有助于达成合作。

马云语录

也许，10年、20年以后阿里巴巴不一定是互联网的公司，也许在送人上月球。如果那个时候人们说在月球上做生意比在地球上更好，我们就有责任去帮助人们上月球！

用马云速度赢得对手

第 18 句话　如果早起的那只鸟没有吃到虫子，就会被别的鸟吃掉。

马云最讲求的是速度，从创业一开始就是。回顾一下马云的创业史，就能够很清楚地看到这一点。速度对于商场成败非常重要。决定速度快慢的根本因素在于企业的执行力，我们经常听到的“速度第一，完美第二”就是最好的诠释。信息化的时代靠的就是速度，先把有利位置占领了，然后再讨论战术问题。在快速变化的市场环境下，执行力已经成为产品在市场上的核心竞争力。从某种意义上说：关键不在于你做什么，而在于你怎么去做，如何尽快地做好！

马云还在学校教书的时候，1995 年 3 月，偶然的机会使他来到了美国，接触了互联网，他从中看到了商机，回到杭州后，立即下海组建了自己的公司。

1995年的4月，马云的第一家互联网公司浙江海博网络技术有限公司成立，公司的实体就是中国第一家商业网站——中国黄页。

一经触网，就看到了未来网络世界对于现实世界的巨大影响，看到了其中蕴藏着的巨大商机。具有这样眼光的人已经是凤毛麟角，而看到了并且立即付诸行动的人，只有马云一个。

投身互联网的马云在商海几起几浮，后来辗转来到北京打拼，可以说当时已经小有成就。但是1999年的春天，他做出了一个令人震惊的决定：回到杭州重新创业。

他回到杭州的原因很多。比如与原来公司对于互联网理念的差异，比如与当时管理层的矛盾，但是这些都不是主要原因。最主要的原因是马云看到了未来电子商务发展的方向，他已经等不及了，迫不及待地需要马上出手。所以他义无反顾地放弃了北京的一切，头也不回地回到了杭州。

1999年3月，阿里巴巴横空出世，成为中国乃至世界上最有名的电子商务网站，由此可见马云的速度。

淘宝网的出现同样体现了“马云速度”。2003年，eBay并购易趣进军中国电子商务C2C领域，一举成为中国市场上C2C领域的老大，而且还对B2B的阿里巴巴虎视眈眈。为了反击eBay，马云决定进军C2C领域。做出决策之后，不见媒体，不见同行，闭门造车，甚至连阿里巴巴的员工都不知道。

仅仅3个月后，“淘宝”在马云的秘密炮制之下，就迅速出现在中国网民面前，然后一路狂飙，创造了“淘宝奇迹”，并且采用“农村包围城市”的战略，不断地侵扰eBay，终于把eBay这个“巨人”赶回了老家，一举荣登C2C领域的老大宝座。

“马云速度”体现在所有的地方，“支付宝”“阿雅联姻”等无不体现着速度。正是速度使阿里巴巴得到了迅速发展。在很多场合，马云都不止一次自豪地宣称：“阿里巴巴不是计划出来的，而是‘立刻、现在、马上’做出来的。”马云甚至把“不做计划”当作阿里巴巴成功的“三大秘籍”之一。

阿里巴巴的风格可以用马云的一句话来概括，那就是：“无论是国外，还是国内，我们都是悄悄进村，迅速抢占市场，迅速在全球电子商务领域树立品牌。”

拿破仑说过：“我之所以能打胜仗，是因为我总是比敌人早到5分钟。”商场如战场，5分钟就能决定生死。在风云变幻的商海竞争中，一旦时机来到，就必须当机立断，该做决定就立即决定，甚至要连续进攻；该收场就要立即收场，哪怕是损失惨重。当断不断，该收手而不收手，不该改变时却改变，不该收场时而收场，会遭受更大的损失。

日本著名企业家盛田昭夫说：“我们慢，不是因为我们不快，而是因为对手比我们更快。”许多年前，呼啦圈曾经风靡一时，举国上下，妇孺老幼，都以会玩呼啦圈为荣，结果最先下手的发明者、生产商、代理、批发、零售的人都大发其财，这就是速度的效应。而后来加入的人，就输得一败涂地。

在越来越激烈的市场竞争中，速度几乎决定了一切，可以说这是“跑得快”的游戏。在变化最快的社会里，速度已经起到主导作用，速度就是一切，执行力决定成败!要想提高自己的行动能力，最好的办法就是提前估量形势，把可能发生的变化预先加以推测，多加准备，也就是要做好预测、预报、预算。

1.弄准当前行情

想要抓准时机，首先得把现状弄准，不要把现在的行情搞错。

2.掌握变化因素

现在的市场变化极为迅速，所以要及时地掌握各种变化因素。例如市场因素，预先了解到这种情况，就可以预见到市场的行情；还有政策的变化，掌握政府的某项调控政策，就能够抢占市场先机。

3.做出准确判断

在准确地了解市场等多种因素后，就要对未来的市场走向做出一个准确的判断，为积极的行动做准备。这种判断绝不是各种信息的直接反映，而是经过综合分析之后，对于发展趋势的科学预测。

4.积极行动

一旦做出决策，就要快速实施，尽快设计、尽快投产、尽快销售，这样才能够抢占市场。

马云语录

两个高手之间下棋的时候，对方方寸一乱你才有可能赢。一个拳师碰上一个蛮师，你也就不知道该怎么办了。

没有竞争对手是可怕的

第 19 句话　竞争会迫使更多的企业上网。不上网的企业，会老长不大。

在日本北海道，渔民们从海中捕捞出一种鳗鱼，它的肉味非常鲜美，但是很难保存，因为这种鳗鱼捕捞上来以后很容易死掉。但有一个办法能够使它活得更久，就是在鳗鱼中放进它的对手——狗鱼。鳗鱼有了对手狗鱼而被激活，因而活得时间更长。

鳗鱼没有对手就无法生存，我们人类也一样。只有对手才能让我们有危机感，我们才会不断进取，以获取最大的成功。没有对手我们就不会有进步，没有对手我们就不会有今天的成就，没有对手我们就不会走向成功之路。

马云曾参加《对话》栏目。

主持人：“你曾经说，‘我用望远镜也找不到对手。’这句话事出有因吗？”

马云：“没有事出有因，事实上好像也是这样吧。”

主持人：“也是这样，始终找不到？”

马云：“不是我们做得好，而是运气，而是别人不看好我们。如果大家有兴趣可以查一下资料，在1999年、2000年阿里巴巴在网站上起来的时候，多少人在骂我们不知道怎么赚钱，免费？模式也没有，这种模式肯定不行。当时张三要打败我们，李四要打败我们，王五、赵六(都要打败我们)。然后我记得2000年哈佛大学给我们写了第一个案例，后来又有了个B案例，两个案例我都参加了清华大学、哈佛大学的研讨会。结果每一次研讨会都把我跟另外一家公司放在一起，最后说那一家公司要赢，阿里巴巴要死。但是4年过去了，跟我比的公司都死掉了，我还活着。”

听了马云这番话，主持人当即问道：“那你现在应该就是一种独孤求败的感觉，是不是？”

马云：“没有，其实最大的对手，你用望远镜是找不到的。你往自己(身上)一看你就知道这是对手，你的狂妄，别人对你的不认同，你自己认为哪一年，连续几年做得很好的时候，往往这个对手越来越大。我知道，我看外面看不到，对手是在心里的。所以我这句话没错，你要去找对手，没法找。阿里巴巴我真不知道我们在海外进出口业务上，谁是我们的对手，中国内贸上我们也觉得没什么对手。但是有对手是在自己心里。”

主持人：“但这种没对手的状态，你觉得对你来说是一种危机呢？还是一种欣喜？”

马云：“特大的危机。没有对手就像没有磨刀石一样，没有对手是很可怕的。所以说你一旦碰上好的对手的时候，你所有的精力、能力都会发挥出来。你没看见我这一年，2004年是我特别开心的一年，因为我找到了，在我的淘宝网，找到很好的对手，越打越开心。五年没有对手是很寂寞的。”

一个人有了对手，才会有危机感，才会有竞争力。有了对手，你便不得不奋发图强，不得不锐意进取，否则只有等待被吞并、被代替。

如果你有一个很强的对手，像每天要照镜子一样，你应该每天都要仔细盯紧这个对手，好好欣赏他，好好地向他学习。而最好的学习，来自你与他交手的那一刻。

不可否认，企业要生存，要发展，就必须通过市场竞争去实现。并且，只有通过竞争，经济才能发展，社会才能进步。

谈到竞争，人们往往认为要把对手完全打垮才行，有的公司老板掌握了对手的软肋以后，就想把别人置于死地，自己一个人分蛋糕。实际上，这种手段已经落后了，这是原始人的思维方式，现代社会讲究的是在合作中竞争，是共同前进，而不是互相争斗。你把对手打倒了，就会迫使一些弱势企业倒闭、破产，大量职工失业，加剧了社会矛盾。这些职工的大批失业，失去了谋生手段，必然造成社会购买力下降，市场萎缩，并不利于竞争得胜企业持续发展。

所以，现代的企业家必须要转变思维方式，不能再用原始人的思维方式去考虑问题了。你还有更好的方法，那就是通过联合兼并，与其他有关企业进行合作互利，以取得更快的发展。

1. 用沟通交流感情

企业与对手之间并不仅仅是竞争关系，还应该有合作的关系。企业双方要建立卓有成效的沟通，增进彼此间的了解和信任，消除企业竞争中的一些矛盾和误会，增强企业竞争中的合作氛围；企业之间的合作还能使企业与合作伙伴间及时传递经营信息，从而做出更好的有利于彼此共同发展的决策；企业之间的合作还有利于企业间及时发现彼此的弱点与不足，通过相互磋商加以改进。

2. 做“结义兄弟”

在现代社会，企业与企业之间的战略联盟已经屡见不鲜。这一概念首先是由美国DEC企业总裁简·霍普兰德和管理学家罗杰·内格尔提出的，随即在理论界和企业界得到普遍赞同。

3. 与“狼”共舞

据联合国一项研究报告显示，跨国企业的产品已占全球产品的2/3以上，大企业集团都在奋力向跨国企业发展，同盟竞争战略备受青睐。

团结就是力量，企业间通过纵向兼并或横向联合实行同盟，在全球经济一体化，以及激烈的买方市场竞争形势下具有许多优点。

（1）这种合纵联横的跨国行为能破除樊篱，解放思想，拓宽发展思路。视竞争对手如“恶狼”的营销观念已成过去，现代大市场营销观认为：同行并非冤家。有一条经营信条：自己想赚更多的钱，必须得分一块蛋糕给对手吃。拜竞争对手为师，能更好地帮助企业理清发展思路。

（2）有利于扩大企业规模，实行规模经营，降低成本，提高市场竞争力。

（3）有利于企业间优势互补，形成综合竞争优势。根据“木桶原理”，决定木桶盛水量的是木桶中最短的木块，企业亦是如此。例如，惠普公司与微软公司结盟，惠普给予微软的操作系统视窗NT以支持，而微软则向公司推荐惠普的网络计算机（NETPC）。

（4）有利于企业处理专业化和多样化的生产关系。如日本本田公司将70%的零部件发送给中小企业生产，自己只负责主要零部件和整车的组装，这减少了许多中间环节，节省了交易费用，提高了经济效益。

（5）能促进产品销售，提高品牌知名度，有利于品牌战略的实行。

当然，以上这三种方式，必定会为企业带来人力、财力、物力等管理方式上的大变革，对此，企业必须实现三者的优化组合，才能在规模经济、经营管理等方面实现资本营运质量的提高，进而显示其巨大的优越性。

马云语录

我们也不知道跟谁战，也没什么战的，我们很少把竞争当成自己的主业在干，消灭竞争对手未必会赢，老是想打败竞争对手的话，这个公司就变成职业杀手，关键的是怎么帮助你的客户成长起来。

找准软肋，攻击对方

第20句话 我们的对手很喜欢以高价格跟我们竞争，他口袋里子弹多的时候，应该让他的子弹往墙上打。

《孙子兵法》上说："不知彼不知己，每战必殆；不知彼而知己，一胜一负；知己知彼，百战不殆。"一个企业要想在竞争中站稳脚跟，不仅要努力做好自己的产品，尽力吸引客户，还要研究自己的竞争对手，对竞争对手做出应对甚至主动出击。

了解你的竞争对手，最重要的是抓住它的短处，迎头痛击，为自己赢得市场。

在和eBay的竞争中，淘宝成了最后的赢家。造成这个结果的原因很多，但是马云抓住了两次机会，狠狠击中了eBay的软肋，为赢得这场"大象和蚂蚁"的战争打下了基础。

eBay攻占中国市场的决心很大，总裁惠特曼女士发出了"eBay在中国必须赢"的号召！甚至承诺"要什么给什么，要多少给多少”！

此前由于eBay的实力实在是过于强大，所以马云只好采用守势，等待着最佳攻击时机的到来。

长江里的鳄鱼和大海里的鲨鱼争斗，最好的办法就是把鲨鱼引到长江里来。现在鲨鱼已经到长江里来了，而且还是自己游来的。

2004年9月，eBay决定实现eBay的国内平台和eBay的国际平台对接。eBay的愿望很美好，但是结果很糟糕。在“对接”的过程中，由于易趣的整个平台从页面、交易程序、信用评价机制等一切都向eBay国际网站转型，很多习惯了原来服务模式的老用户非常不适应，“就像一下子不知道自己在什么地方，完全迷路的感觉！”

没过几天，易趣的用户开始出现了“搬家”现象，甚至出现了“还我易趣平台”的口号，网站用户的反应日益强烈。更要命的是，对接后eBay的系统性能非常不稳定，经常发生掉线的事情。这对于用户来说是最不能够容忍的，“已经极度失望了”。

鲨鱼自己游到长江里来了，马云出手了，开始接收从eBay“逃亡”的“难民”。淘宝是免费的，加上后台稳定的运行，吸引了大量的用户加入。

2004年11月，也就是eBay对接仅仅两个月后，淘宝的客户和成交量迅猛增长，会员人数达到了305万，9月份的成交商品总额达到1.6亿元，10月份单天的成交金额更是达到105万元。

鳄鱼狠狠咬了鲨鱼一口。马云评价eBay说：“这是一步臭棋!”他认为eBay是“在泥泞的小路上驾驶一个高级的引擎”。

eBay面对客户大量流失的窘境，做出了一个决定：加大广告投入，烧钱！于是eBay的广告铺天盖地而来，据有关资料显示，eBay用于广告的投入至少有千万元之巨。他们要传达这样一个信息：eBay易趣是一个网上购物的平台。

马云躲在一旁偷偷地笑了：“淘宝也是一个网上购物的平台！”eBay在为自己做广告的同时，也在为淘宝做宣传。马云很高兴地说：“我们希望易趣在推广方面有越多的钱越好。如果易趣不花这笔钱，我们就必须自己花这笔钱，现在易趣花了这笔钱，把市场培育了起来，淘宝只需要赢过易趣就可以了。”

eBay的用户没有什么明显的增长，但是淘宝却借“易趣的东风”一天天地壮大，不断地吸引着用户加入。

易趣又走了一招“臭棋”，让马云抓住了机会。马云很感谢易趣，他认为易趣就是“活雷锋”：“世界上竟然有这么好的对手，真是太让人兴奋了!”

在商场上，“知彼”就是要充分了解市场的情况，掌握市场的发展趋势，以及竞争对手的动向，然后击中要害，一举获胜。

阿迪达斯是国际知名品牌，在高级运动鞋市场上一度处于垄断地位，然而谁也没有想到，短短几年之间，阿迪达斯就会输在一个名不见经传的公司手中，这个公司就是美国耐克公司。耐克公司战胜阿迪达斯的秘诀就是寻找对方的软肋，击中要害。

20 世纪 70 年代初期的美国兴起了全民健身活动，成千上万的男女走上街头和田野，以各种方式从事锻炼活动，其中最引人注目的活动便是慢跑。跑步作为一种方便的锻炼方式得到了越来越多人的青睐，从十几岁的中学生到六七十岁的老年人，从家庭妇女到上班族，一股跑步的热潮席卷美国大陆。在这段时间内，全美国参加跑步和散步活动的有几十万人，由于跑鞋不仅穿着舒适，而且更是健康和年轻的象征，这使跑鞋受到了大多数人的青睐，即使那些并不进行跑步锻炼的人也开始在日常生活中穿跑鞋，这些人的数量巨大，多达数百万人。到 70 年代末，美国有 2500 万到 3000 万人坚持每天跑步和散步，还有 1000 万人在家里或者上街都穿跑鞋，而这一数字还有不断增加的趋势。

就这样，人们对跑鞋的需求似乎在一夜之间大幅度增长。

阿迪达斯是个大型公司，早在几十年前就已经在世界各地建立了自己的跨国公司。20 世纪 70 年代以前的阿迪达斯公司在全球各地市场上都占据绝对的领先地位，在美国自然也不例外。然而市场的蛋糕实在太大了，就连阿迪达斯也不可能一口吞下，这给了其他公司进入的机会。随着穿跑鞋人数的急剧增加，美国跑鞋制造商的数量也大为增加。除了原有的阿迪达斯公司、彪马公司、台格公司三家传统公司之外，美国新兴起了耐克公司、布鲁克斯公司、新巴兰斯公司、伊顿尼克公司和康弗斯公司等，它们也都趁着这个机会陆续加入了跑鞋制造的行业。

为了迎合对跑鞋市场的需求，介绍跑步运动之类的新杂志也争相问世，如《跑步者》《跑步者世界》和《跑步时代》。这些杂志专门为跑步锻炼者提供相关装备的信息，发行量不断上升。媒体和杂志的关注对跑鞋市场的扩展无疑具有重大作用，一场争夺跑鞋市场的商战在所难免。

本来，具有长久历史和良好声誉的阿迪达斯公司在这个过程中占据不言而喻的优势，可惜的是，面对美国市场的变化，阿迪达斯公司对跑鞋市场的增长估计不足。在众多跑鞋制造商都跃跃欲试的时候，这家有着 40 多年制鞋历史的公司，对于跑鞋市场的繁荣程度和持久性却始终持一种怀疑的态度。

而且，在慢跑运动潮流中，阿迪达斯公司的销售量迅速增长，这让公司的领导者产生了骄傲自满的情绪，放松了对新兴制鞋商的警惕。除了销量上保持增长之外，阿迪达斯公司的跑鞋无论在样式上还是在宣传上都几乎停滞不前。

美国本土新兴的耐克公司却看到了巨大的商机。他们发现阿迪达斯公司的跑鞋虽然具有良好的声誉，但是由于长期以来产品的样式缺乏更新，已经越来越难适应各个年龄层对跑鞋样式不同的审美需求。而且，阿迪达斯公司过分依赖已有的成绩，在促销、宣传等方面相当落后，几乎没有什么特殊的举措，这些都使新兴的耐克公司看到了击败对手的希望。

针对阿迪达斯公司跑鞋的不足，耐克公司广开思路，生产出比阿迪达斯公司种类更多的产品，开创了鞋形的许多新潮流。无论是从颜色上还是从跑鞋的样式上，耐克公司都尽量做到完美。他们力图让各种各样的跑步者感觉到，耐克公司是提供产品类型最全的跑鞋制造商。

在追求跑鞋样式的同时，耐克还致力于寻求更轻、更软、更舒适的跑鞋，并使之对穿用者具有保护性。它们还加强了营销力度，把阿迪达斯公司所创的制鞋业营销策略运用得更好，更有效果。

就这样，耐克公司在充分了解了强大对手的隐患之后果断出击，制定出自己的生产和设计方针，在短短的几年时间里迅速崛起。

20 世纪 70 年代初的时候，阿迪达斯公司还是美国跑鞋生产商中的绝对领导者，而到 1979 年年初，耐克公司的产品却已经占领了美国市场的 33%，而阿迪达斯则减少到 20%。两年之后，耐克的市场份额更是接近50%，而阿迪达斯的市场份额在耐克为首的众多跑鞋生产商的冲击之下则继续减少，不仅远远低于耐克，甚至连布鲁克斯这样早期名不见经传的美国公司也成为令其不安的对手。

从某种意义上说，正是阿迪达斯对市场的错误把握和对竞争对手的轻视成就了耐克公司。而耐克公司也正是在对对手充分了解的基础上，不畏强敌，最终击败对手，走出了属于自己的成功之路。

不但是耐克，任何一个企业要在竞争中取胜，击中对手的短处，就要学会认识对手，利用竞争对手的劣势痛击其虚处。只有这样，才能达到以弱胜强、以小胜大的目的。

在竞争激烈的市场上，要想生存必须要知己知彼，而后战胜对手，获得发展空间。一个私营企业要做到知己知彼，必须着眼于以下几个方面：

（1）知道何种产品可以上市，何种产品不可上市，如果要上市，选择何时作为适当的上市时机。

（2）知道何种产品何时可大量进入市场，何时为该产品旺季。

（3）知道竞争对手的产品质量及其优势何在，知道如何开发出战胜对手优点的产品。

（4）知道自己的商品的销售历史情况、商品库存量和准确的货源量，知道物力、财力、人力和自己所处的环境。

（5）知道同行业的销售库存及经营特点、策略方法。

（6）知道当时经济形势和党的方针、政策给市场带来的影响。

（7）本公司能够重视研究发展，培养技术实力，随时有能力制造品质优良、有市场潜力的产品，以适应商场的竞争。

（8）主管能对杰出的经营干部充分授权，让其在经营过程中当机立断，做出最好的决策。

（9）熟悉商品的性能、质量、规格、价格等情况，知道生产与货源情况。

（10）知道消费者心理和购买投向。

（11）忌看大不看小，小的不愿搞，大的搞不了，到头来大小都搞不好。

（12）忌挤“热门”，一哄而起，一哄而散。

（13）忌不专一，见异思迁，样样想干，但最后半途而废或者经营不深入。

（14）忌因循守旧，步人后尘。

（15）忌侥幸取胜。

知己知彼，了解自己和竞争对手后，如果能够找出对方的最大漏洞，再定向实施攻击，定能大获全胜。

马云语录

每个企业在竞争的过程中不要痛苦，竞争是一种给予，做企业是一种Game。这个Game是你跟公司的员工团结在一起想的策略，但是不能做流氓，可以用流氓手段，但是人不要流氓。

打击对手，不如学习对手

第21句话 你想灭了别人得天下，别人反而先灭了你；你给别人机会，人家反而跟你站在一条线上。

马云善于竞争，也善于学习，他会把强大的对手当作自己学习的对象。很多人看到自己的对手越来越好，心中不服，他们想方设法地去破坏对方，阻止对方前进，结果在这个过程中，他已经看不到自己的缺陷，心灵被嫉妒占据，最后导致两败俱伤，悔恨莫及。

我们为什么不能好好看待自己的对手？把胸怀放宽一些，不去一味地争名夺利，而是要把对手当作榜样来学习。

曾经有一次，有位好友问了马云一句话："你们公司现在最大的对手是谁？"当时马云毫不犹豫地说："是沃尔玛。"

其实，阿里巴巴与沃尔玛有诸多相似之处。沃尔玛的商业神话得益于其严格的流程控制，在供应链上每一环节的成本都得到了有效的控制。麦肯锡全球管理咨询公司认为，沃尔玛也和一些贸易型公司交易，但更多的是和生产厂家直接交易。沃尔玛选择全部自己去做，采购成本、管理成本、交易成本其实都非常高，但是传统供应链的低效率和多级加价支撑了沃尔玛的利润空间。

然而，沃尔玛的这种模式存在一个最大的缺陷，那就是终端力量对上游的供应商进行利润的榨取，而马云提出了一个想法，可以完美地解决这个难题：沃尔玛的采购与销售链条其实完全可以放在网上，阿里巴巴涉足产业链恰恰是要提高传统供应链的效率，还利润于原始厂商，降低沃尔玛等的压榨。

马云认为，这个方法不仅适用于沃尔玛，其他一些大型超市也同样适用。中国的几个大渠道商苏宁、国美、大中电器等，他们虽然占据了市场上的大份额，但是对制造商的压力太大，制造商有时只能拿到3%的利润，而那些渠道商可以拿15%。针对这样的不平等，阿里巴巴希望在厂家和经销商这个层面上建立一种机制，平衡一下这种状况，即构建一个很大的平台，这个平台让厂家和消费者有更好的机会互动起来。

马云设想了一个计划，这种计划从未有人做过，几乎就像乌托邦一般完美：以阿里巴巴为平台，逐步将中小企业的销售中心、人事中心、技术中心、支付中心和财务中心都放在上面，其中横亘在B2B、B2C及C2C之间的一切环节都将被打通。那时，阿里巴巴将成为一个虚拟的商务王国，这里有自己的货币、自己的游戏规则、自己的运行体系。马云运用他超常的智慧和眼光，实现了他的预言：各种电子商务形态在未来都将融合，结合在一个大平台上运行。连通B2B和C2C平台之后，一种全新的B2C模式将会产生。

利用这样的模式，马云将阿里巴巴打造成了一艘超级战舰，用网上零售奠定了企业的基石。截至2016年年底，淘宝网的注册用户已经超过了6亿，而支付宝的月活跃用户数量为29 472.7万人，日活跃用户数量为8382.7万人。在阿里巴巴的冲击下，包括阿迪达斯、苹果等在内的厂商都在淘宝网上开设了专门的网上店铺，而华硕电脑、迪斯尼家电、马克华菲等厂商还专门为淘宝网的B2C平台推出了特定的产品。

有句老话说：“同行是冤家。”还有一句话，叫“不是冤家不聚头”。这说明了什么呢？说明你的同行就是你的竞争对手，而且你也没有办法回避他，必定会碰面。在抢占市场时，你们的确是冤家。但是，不可否认的是，如果没有竞争对手，只有个人垄断，那将会导致不思进取的后果。有时候，要想使自己变得更强大，更优秀，必须要善待自己的对手。

那么我们如何才能接近对手，并向对手学习呢？我们得放下虚荣心，用一颗真诚心去和对手交流，表现出合作共赢的诚意。一个能容忍对手发展的人，不但是一个胸襟宽广的人，还是一个具有远见的人。让竞争对手时刻在背后激励自己、鞭策自己，使自己不能有丝毫懈怠，努力向前发展，实现双赢目的，实在是再好不过。

如何正确对待竞争对手，下面的几点可做参考。

（1）识别并确认竞争对手。确定谁是与你争夺同一个客户的竞争对手(例如，是贸易公司还是生产企业)；确定竞争对手的竞争地位、能力、绩效、意图；明确自己的竞争优势。

（2）对竞争对手的客户关系进行监控。分析竞争对手与企业共同关注的客户之间的稳定程度、交易产品、交易数量、买家属性等细节。

（3）分析竞争对手的营销目标和营销策略。了解在过去一段时间里哪类客户被哪些竞争对手夺走。通过对竞争对手的分析，学习对方的长处，弥补自己的不足；以制定不同的营销策略。

（4）把竞争对手当作朋友。不可否认，企业要生存，要发展，就必须通过市场竞争去实现。并且，只有通过竞争，经济才能发展，社会才能进步。

在市场经济条件下，虽然我们强调要寻找到竞争对手的软肋来打击，但并不一定要将其置于死地，相反，一种合作的关系，会有利于公司未来的发展。

马云语录

我既要扔鞭炮，又要扔炸弹。扔鞭炮是为了吸引别人的注意，迷惑敌人，扔炸弹才是我真正的目的。不过，我可不会告诉你我什么时候扔鞭炮，什么时候扔炸弹。游戏就是要虚虚实实，这样才开心。如果你在游戏中感到很痛苦，那说明你的玩法选错了。

拉名人做大旗：金庸、克林顿

第 22 句话 你来不来无所谓，不过，金庸要来。

古往今来，没有人生下来就能获得成功，也没有谁永远都能一帆风顺。一个成功者，总是要经历诸多磨难，他们必须借助他人的力量，来壮大自己的声势，一旦时机成熟，则另起炉灶，建立自己的功业。

在当今社会，通过借助名人效应、借助品牌效应、借助其他企业的吸引力等来宣扬自己的名声，无疑是取得成功的一条捷径。

2000 年，马云想要在西湖“论剑”，这次聚会马云已经有了自己想要邀请的人选：新浪的王志东、网易的丁磊、搜狐的张朝阳，以及 8848 的王峻涛等。

谁来主持这个聚会呢？

马云很快就想到了一个人选，而且这个决定一说出来，就让众人惊讶不已，原来，马云想找的是金庸。马云说："网络是商业，网络是生活，金庸目光的穿透力是不多见的。年轻的互联网需要指点。"当然，金庸的名气也是足够让他成为第一人选的。首先，金庸是绝对的成功人士。创办《明报》，经营媒体，大获成功。金庸凭借手中的一支生花妙笔，在网民中建立了绝对的影响力，他笔下主人公的名字活跃在各个网站论坛上。金庸对媒体的吸引力，从"论剑"当天100多名记者不请自来就可见一斑。

可是，人们还有更多的疑问：金庸懂网络吗？金庸在互联网经济上也有心得吗？面对这些疑问，金庸很诚实："我对网络是外行，夫人上网多点。我上网只是写文章发信。我喜欢的是网上订书，看看目录，几天就寄到家了。"但这些也都是吸引眼球的武器。后来的报道说，一宣布金庸主持，BBS上就热闹起来了。

马云之所以选择金庸，也是看中了金庸的号召力。谈起号召力，驰骋商场的马云也会自愧不如，他总是说自己一挥手，就会有千军万马来相见，但是这些人大多是年轻人，至于那些响当当的人物，就有一些牵强了，毕竟聪明人都知道，参与论坛从某种意义上说是给马云做嫁衣。但是在金庸的大旗下，举办论坛就容易得多了，丁磊首先前来臣服。不久，自称没读过金庸的张朝阳也决定赴约，王志东也给马云带来了肯定的答复，而王峻涛一听说金庸将会到场，立即给了肯定参加的回答。

毫不讳言，阿里巴巴当时还是一个名不见经传的小网络公司，与网易、搜狐、新浪等还不可同日而语，想邀请这些“网络大腕”来共同“论剑”，是有一些勉为其难的。因为参与“论剑”，其实就是给马云“镀金”，给阿里巴巴免费做宣传，如果不是有金庸这块“金字招牌”，恐怕没有几个人愿意来给马云捧场。

到了2005年的第五届“西湖论剑”，马云把当时中国互联网的领军人物，诸如新浪、搜狐、网易、腾讯等公司的CEO悉数请到现场。

最值得一提的是，为了提高“西湖论剑”的级别，马云甚至请到了一位“超重量级”的嘉宾——美国前总统克林顿。马云特别邀请克林顿发表开幕式的主题演讲，以开拓者的独特视角阐释中国互联网的未来。

“论剑”结束后，马云与克林顿共进晚餐，泛舟西湖。马云后来说：“老克乐坏了，直呼杭州美！”

可以说，拉名人做大旗，是马云的拿手好戏。

无论是在个人的成功道路上，还是在企业的发展过程中，只要将自己与名人联系在一起，便能在宣传上起到1+1远大于2的效果。这便是名人所带来的效应。

名人之所以能取得那么大的成就，以及那么高的声望，肯定不是没有原因的。一些人是由于先天的因素(比如美貌)，而更多人依靠的是后天的努力，至于取得成就之后，随之而来的声望，很大程度上也是对其付出努力的肯定。而且在此过程中，社会造就的因素也不可少，所以名人通常具有较强的感召力。既然名人是众人关注的对象，他往往有着一呼百应的作用。

美国总统布什在没当总统之前，曾担任过美国驻华联络处主任。那时，只要有空他就喜欢和夫人巴巴拉一起骑着天津产的“飞鸽”牌自行车游览北京城。

布什就任总统不久，因国事访问中国，夫人巴巴拉也随同出访。“飞鸽”牌生产厂家天津自行车厂得知此消息之后，马上精制了两辆“飞鸽”牌自行车，并交给国务院转送布什夫妇。

“飞鸽”牌自行车作为国礼由当时的李鹏总理亲手送给布什总统，当天的中央电视台现场实况转播了这一仪式。“飞鸽”牌自行车在中国本来就有名气，此次又经李鹏总理之手作为国礼送给美国总统，从此，“飞鸽”牌自行车更深植国人之心，从而大大提高了“飞鸽”牌自行车在中国消费者心中的知名度。

天津自行车厂生产的“飞鸽”牌自行车之所以能以国礼的身份由李鹏总理送给布什总统，这里至少有两个原因，其一是布什总统曾在北京工作过，他夫妇俩曾“一起骑着天津产的‘飞鸽’牌自行车游览北京城”。也就是说，布什总统夫妇跟“飞鸽”牌自行车有历史渊源。其二是为投客人所好，让客人唤起对北京生活的美好回忆，选了“飞鸽”牌自行车作为国礼送给布什夫妇，合情也合理。

天津自行车厂抓住了这个借名人为自己免费宣传的大好时机，不失为最成功的广告策划，是别的品牌想花钱都不可能做到的事。同时，借中央电视台的影响力宣传自己的产品，由中央电视台作为国家领导人会见美国总统的重要新闻播出，效果之大可想而知。今天，“飞鸽”牌名气之大，与这次免费宣传密不可分。

世上有不少产品，默默无闻地存在了很多年，偶然一次经名人推崇、使用，便身价倍增，名扬四海。这就是借名人的势提升自己的名气。

借助名人的信息宣传自己的产品，这等于不花钱为自己的产品促销。广告策划者与经营者如在平时留意名人的信息，并有选择地加以利用，将会产生出人意料的效果。

借助名人时，你可以瞄准名人喜欢用的东西做文章，不断推广，这就抓住了公众认同名人的心理，无形中为产品找到了让消费者接受、购买的通道，产品自然能畅销。

名人效应虽能为自己带来良好的宣传效果与高额的物质利益，但同时也存在着一定的风险。如果不考虑这种风险的存在，名人反而会为自己带来负面影响。通常情况下，这种风险包括以下几个方面。

1. 名人个性与品牌个性不相适宜

在选择名人代言时，需要考虑到名人给大众带来的印象，有的明星给人留下的印象是亲和力十足，就像邻家的大男孩，这就不适合担任成熟人士的品牌代言人。品牌的管理者应该清楚地知道，品牌要迎合哪一类型消费者的喜好，要找什么样的“意见领袖”来做品牌的代言人。最典型的反面例子是赵薇之于佳能，那英之于喜之郎。赵薇早期给人的印象是机灵活泼的“小燕子”，而佳能打印的品牌宣传重点则是高性能、高稳定度、高成熟度的价值观，两者相差太远，容易给消费者造成概念上的紊乱，因此注定是一桩短暂的“恋情”。而喜之郎果冻的定位主要是儿童，那英给人的印象则是歌坛大姐，让她像个小孩一样吸食果冻，颇为不伦不类。

2. 名人代言的品牌过多，缺乏独特性

在挑选品牌代言人时，要找名人，但是也要注意去找尚未被过度开发的名人，这样就能唤起清晰的感觉。比如成龙，名气很大，代言的品牌也不少，但是与他那个身价上的名人相比，他代言的品牌反而不多，消费者一看到这个人，就能想起他代言过的那些产品。在这种情况下，名人的效应就会得到合理的运用。相反，要是名人代言了太多的品牌，消费者反而会产生疲劳感，甚至引起反感。如果是做过水广告的，再去做酒广告，或者做过药广告，再去做食品广告，会引起消费者的心理不适，效果会适得其反。

3. 只看知名度，不看个人品德

对于名人而言，他们给观众留下的印象无疑是他们最大的财富。当然，他们的专业技能和道德水平同样重要，这些都是他们的招牌，可以帮助企业省下大量的广告费用。有研究表明：消费者对于自己喜欢的名人所推荐的产品，会更加信任。但是，仅有知名度是不够的，还要具备美誉度。如影视明星、歌星，因其所处的娱乐圈容易出绯闻，某些名人的名气稳定性不好。打个比方说，某形象代言人尽管名气很大，但如果名声不好，吸毒、赌博无所不为，这样的名人肯定是不会受到消费者欢迎的。

马云语录

一个创业者一定要有一批朋友，这批朋友是你这么多年来诚信积累起来的，越积越大。像我账号的财富，如果碰上很多资金上的问题，这就是每天积累下来的诚信。

★本章小结

转变思维方式，在合作中竞争

谈到竞争，人们往往认为要把对手完全打垮才行，有的公司老板掌握了对手的软肋以后，就想把别人置于死地，自己一个人分蛋糕。实际上，这种手段已经落后了，这是原始人的思维方式，现代社会讲究的是在合作中竞争，是共同前进，而不是互相争斗。你把对手打倒了，就会迫使一些弱势企业倒闭、破产，大量职工失业，加剧了社会矛盾。这些职工大批失业，失去了谋生手段，必然造成社会购买力下降，市场萎缩，并不利于竞争得胜企业的持续发展。

所以，现代的企业家必须要转变思维方式，不能再用原始人的思维方式去考虑问题了。你还有更好的方法，那就是通过联合兼并，与其他有关企业进行合作互利，以取得更快的发展。

第四章

计划书做得越完美，死得越快

马云认为：如果碰到一个强大的对手或榜样的时候，你应该做的不是去挑战它，而是去弥补它，做它做不到的，去服务好它。先求生存，再求战略，这是所有商家的基本规律……战略有很多意义，小公司的战略说简单一点就是活着，活着最重要。

04

拒绝盲目，不做没把握的事

第 23 句话 做战略最忌讳的是面面俱到，一定要记住重点突破，所有的资源在一点突破，才有可能赢。

有句老话叫："隔行如隔山。"我们有很多不懂的事情，这是很正常的，如果从事这些事情，我们有可能血本无归。每一个领域都有自己的特点，如果你不熟悉就掌握不了主动权。

马云曾经在哈佛做演讲，在世界顶级的学府里，对着最聪明的学生们说起了他的成功秘诀。马云笑着说，他之所以能够成功，有三个原因，第一是他没有钱，所以不得不四处找钱；第二是他对于互联网技术一窍不通，所以不得不借助各行各业的专业人士；第三是他想得很天真，最终居然梦想成真了。马云说的是实话，创业时他的确没有资金，把自己和员工压箱底的钱都拿出来才勉强凑出了起步资金。他也的确不懂互联网技术，据说他的电脑水平只能够收发邮件。但是有一点他没有说，马云从来不做没有把握的事，这是他成功的一个关键因素。

第一次创业时，马云创办了一个海博翻译社。为什么先要办这个呢？因为马云的英语非常棒，有人曾经夸张地说："可能当时在杭州是英语最好的一个人。"马云的夫人张瑛曾经开玩笑说："马云说梦话的时候都很少讲国语，80%的时候都是用英语。"马云的英语水平由此可见一斑。正是由于英语好，所以马云办了一个海博翻译社。

马云虽然不懂互联网技术，但是他会使用电子商务，并且对其有一定的心得，于是马云搞的第一个项目就是中国黄页，中国黄页实际上就是最早的电子商务。在经营中国黄页的过程中，马云对中小企业的需求有了深刻的认识。这个经历也使他对电子商务的模式有了一定了解，所以做起来才如鱼得水，最终取得了成功。

在受邀参加《赢在中国》栏目时，马云曾经说过这样一件事："前段时间我跟吴鹰拜访了李嘉诚，他讲了一个事，在座的创业者可以思考一下。有人问李嘉诚凭什么到处投资，做这个，做那个，基本都成功，为什么中国绝大多数人都不成功，而你能成功？李嘉诚回答说，手头上一定要有一样产品是天塌下来都是挣钱的。因此，不一定做大，但一定要先做好。"

这就是马云的经营之道，做自己最熟悉的事情。

20 世纪 80 年代，美国哈佛商学院教授迈克尔·波特提出了著名的“五力分析模型”，该模型认为，在任何一个产业中，都有以下五种竞争力量控制着该产业的竞争规则：

进入障碍。诸如商标知名度、资本需要，以及规模经营等这样一些因素，决定着新竞争者进入该产业的难易程度。

替代威胁。诸如转换成本和购买者忠诚这样的因素，决定着顾客转向其他竞争者的可能性的大小。

购买者的讨价还价能力。诸如购买者的购买量，购买者所掌握的信息，以及可供选择的替代产品这样一些因素，决定着购买者的影响程度。

供应商的讨价还价能力。诸如供应商的集中程度及可供选择的替代产品这样一些因素，决定着供应商对该产业中企业的影响力。

现有竞争者之间的竞争状况。诸如产业的增长率和产品差异这样一些因素，决定了产业中企业之间竞争的激烈程度。

无论是哪一家企业，都不可能在所有方面获得优势，他们总是有短板，要做大做强，就必须在了解市场的基础上，根据自身的实力选择一种能为企业带来竞争优势的战略。

1.开发间隙市场

开发间隙市场是一种特殊的市场细分战略。企业应尽力避免与众多竞争对手“同场”竞技，而应集中于一种具体的目标细分市场。开发间隙市场，选择市场是关键。对于企业来说，选择一个专业市场并不是唯一可能的战略，发现一个可开发利用的潜在市场才是一个实用性策略，它可以使企业在大的竞争对手的间隙中生存。许多企业由于错误的市场定位，或在目标市场的顾客中缺乏可察觉的优势而失败。为了减少失败的可能性，企业必须把力量集中于一个细分市场，关注产品的优越性，而不只是领先于竞争对手。

2.填补市场空白

中国的市场是很大的，其中有各种各样的顾客群体，他们的需求也各不相同，并且这种消费需求随着时代的发展在不断地变化。无论市场多么完善、多么成熟，都不可能长期不变。市场差异始终存在，商机随处可见，即使是传统产品，企业领导者也大可不必显得无所适从，关键在于你如何填补市场空白，或是市场中的空白区域。

要想填补市场空白，首先要做的就是细分市场，也就是根据顾客需求的差异性，把某个产品的整体市场划分为若干个顾客群体。实践证明，只要广开思路，寻找差异，将差异市场培育成型，完全可以在成熟市场中开辟出一片新的天地。但是，独特性必须是对顾客有特殊价值的，否则就不会带来差异化的价值。一个成功的企业，必定有独特性，并且拥有为其顾客创造价值的特殊方式，这些方式能带来超出所增成本的溢价，在当前买方市场的情况下，必须注意到这一点。

3.制造局部市场优势

企业要通过开发新产品和不断改进旧产品，经常地建立新的局部市场优势，对每一个新创的或成熟的产品不断增加附加值，以达到或维持其真正的差异化。任何一种产品，不管如何平常，均可变成一种高附加值产品，根本不存在不能实行差异化的产品。在当今复杂多变的经营环境里，企业必须抛弃固步自封的心态，学会模仿、修正及改进新旧产品的本领，从而创造出差异化产品。

马云语录

一个正确的制定战略的过程，首先要做正确的事，再有就是正确地做事。你做正确的事，就可以事半功倍，如果你做的事是错误的，后边做得越正确，死得越快。所以我觉得，作为一个“队长”，首先要明白，做正确的事，然后再正确地去做事，这两个千万不要颠倒。

没有优秀的理念，只有脚踏实地的结果

第 24 句话 有结果未必是成功，但是没有结果一定是失败。

结果是检验一切的法宝，是提升个人能力的必经之路，也是经营管理好企业的根本。如果没有结果，那么所有的过程都是没有意义的。对工作负责，只是对工作的程序负责，而对结果负责，却是对我们工作的价值负责，二者是有着本质上的区别的。

因此，无论做什么，都要讲究结果，一切用结果说话。这是一个凭业绩说话的时代，在这个时代，只有功劳，没有苦劳，只有脚踏实地的结果，没有优秀的理念。

在《赢在中国》第二赛季的一场比赛中，马云同参赛选手石乐华进行了如下对话：

马云：以一流企业做标准，大概是要想推广一个什么样的标准，你做的东西就是卫生间里的马桶脸盆，你想推广一个什么样的

标准？

石乐华：这个标准是这个样子的，你的坐便器，或者你的洗手柜，还有毛巾等等一系列的，每一个项目都需要国家建立一个标准。但是目前来讲因为卫浴市场发展的历史也就十余年，所以现在就面临很多的空白，现在国家致力于整合这一块的政策，有一部分产品在致力于去参与，现在没有形成龙头地位，这是我们要参与做的一件事情。

马云：你凭什么去整合别人，我为什么要跟着你去被别人整合，100 万元人民币就能整合我，凭什么东西，你给我讲三条理由，除了 100 万元人民币以外，你说我要跟着你的标准去走，你凭什么整合我？

石乐华：三个理由，第一个理由就是我们现实的基础，因为我们现在做卫浴已经做了五年，在业界已经有一定的名气，这是第一个理由。第二个理由，是我个人的思路，目前有很多中小卫浴，全世界或者全中国卫浴生产企业最起码有几千家，但是真正开拓自己思路的人，或者具备这个理念的人是非常少的，到目前为止国内还没有出现这样的联盟。第三个理由，就是我对自己的信心和实力。

马云：拿TOTO这家公司说，它在你前面做，你准备怎么应对，像TOTO这样的公司或者美标这样的企业，一听不错，钱比你多，你有五年历史，那哥们儿说有一百年历史，做得比你更好，你怎么办?

石乐华：这是市场定位的问题，就算TOTO他来整合都没有关系，就像我们理解奔驰跟广州本田没有市场冲突一样。

马云：你的企业文化口号是“质量是企业的生命”。你是怎么表现这个文化的，这个文化怎么能够到你的企业内部?

石乐华：首先来讲，我们有一个标准的文件，这个文件从价值观来讲，上面作为核心，外面通过企业的制度还有员工的凝聚力慢慢地深入人心，我们从每一个细节做起。

马云：谈一下我的看法，我感觉你的条理很清晰，心态很好，你的激情跟别人不一样。很多人把创业者看成激情澎湃的人，你对自己的信念非常坚持，坚持自己的并购、整合是有意义的，尽管也许评委也好，其他人也好，说你不靠谱，你凭什么整合，但是你自己内心信念的坚定很具备创业者的素质。但是我这里想讲的是，在整合的要素当中你讲到理念和信心，我自己这么看，好像理念是挺不值钱的东西，真正值钱的东西就是你创造的价值，脚踏实地的结果。很多人说我有非常优秀的理念，我听太多了，这世界上没有优秀的理念，只有脚踏实地的结果。所以不要用你的理念去整合别人，而是你创造的价值给别人带来的好处。

在生活中，我们经常会遇到这样的人：他们身处高位，大权在握，但是一旦遇到麻烦事，他们总是不愿意插手，反而千方百计地将其推给其他人。而在遇到有好处的事情时，却又恨不得自己冲锋在前。

我们总说“空谈误国，实干兴邦”，衡量一个领导是否称职，不能只看他的演讲水平如何，更要看他的实际行动。一个合格的领导者，决不能坐而论道，在电话里问情况，从材料里找根据，而必须深入实际，亲自调查研究，将“实”字贯穿工作的始终，做一名真正的实干家。有时，当员工面临棘手的问题时，他们往往缺乏经验，缺乏从全局考虑的思维，这时领导者就有必要亲自上阵了。如果领导者总是把一切麻烦都推给员工，也不管其能否胜任，必然会给做具体工作的员工造成一定的困难，从而引起员工的不满。

新时代的企业家一定要有埋头苦干、脚踏实地的精神，这是从古至今、一脉相承的管理思想。一个人如果没有实干精神，做任何工作都将一事无成；一个领导者如果缺乏脚踏实地的实干精神，工作浮在面上，成绩挂在嘴上，凡事浅尝辄止、蜻蜓点水，遇到矛盾绕着走，遇到困难就低头，是不可能把工作做好的。

在做事业的过程中，领导者肯定会遇到诸多困难，而且他们遇到的困难是员工无法想象的，否则他凭什么坐上那个位子呢？不论你以什么样的借口把令人讨厌的麻烦事情推给下边的员工，至少也可以说明你身上有种明哲保身、不负责任的思想在作怪。

很显然，这样的领导者是不会受到员工拥戴的，而毫无威信的领导者又怎么谈得上对员工进行有效管理呢？作为领导者，在遇到困难时，决不能含含糊糊、得过且过，更不能下压上推，必须要埋头苦干、脚踏实地，敢于碰硬，敢于冲破阻力，确保工作落实到位，措施执行到位。

你在台上威风八面地批评员工，他们嘴上不说什么，心里却想着："你倒试试看！"这句话表达了他们对领导者的失望，是对领导者只会说，不会做的失望。也许有人认为，既然员工是在自己的工作中出现了问题，那么，善后工作当然应该由员工自己去做。凡是有这种想法的人所持的理由是，通过让他本人去做善后工作，对他既是一种实际教育，又可以警示他不要重蹈覆辙。

在某些时候，一个难题可能会使整个公司为之烦恼，这时就该由你亲自出面处理，这应该成为领导者的第一准则。因为不这样做就不能体现你的实力，不能维系同员工的信赖关系。也许，诸如此类的工作，确实不能称为重要的。然而，在给大家心里带来不良影响这一点上，就成为非常重要的问题了。

1. 相信努力才会有收获

做企业就像种庄稼，企业家要勤勤恳恳地"播种"，之后耐心地等待着收获，不能奢望天上可以掉馅饼。不劳而获的思想无论何时何地都与务实的工作作风格格不入，对于具有务实精神的人而言，如果不付出努力，成功永远不会自动来到你身边；如果不提前准备，机会即使来到你面前也无法将其留住。

2. 自信而不自负

领导者需要自信，这是他们勇气和力量的源泉，要相信努力就可以成功，但决不能以为自己无所不能。自信和自负，同样都是相信自己的实力，但自信是基于现实基础之上的，自信者相信的“实力”是真真正正的个人实际能力；而自负则不同，自负是脱离现实的随意夸大，自负者相信的“实力”充其量不过是自以为是却没有经过任何实践检验的能力罢了。

3. 不好高骛远

一般而言，从基层一步步做起来的领导者更了解现实，更喜欢脚踏实地，而经验浅薄的人容易好高骛远，制订不切实际的计划。其实，务实作风归根结底就是一种脚踏实地的思维习惯，企业领导者需要做到脚踏实地，而不好高骛远，因为任何伟大的事业都来源于一步一步地努力实干。

4. 讲究效率

做事需要有规划，而规划的最终体现就是效率。企业的领导者需要追求高效，但不可贪多求快。高效就意味着好业绩、低成本、高利润。一个不珍惜时间、不讲求效率的领导者不会成为员工所学习的榜样，而且这类领导者还会因为自己的不作为而自食苦果。值得注意的是，真正的高效，不仅仅是数量多、速度快的高效率，还必须是针对性强、品质有保证的高效能。在追求高效的同时，也要结合实际，如果单纯追求效率，很可能会导致盲目生产，做出来的不是无用功就是负面工作。

所以，企业的领导者在追求效率的时候，要做到的是着眼于实际，从社会的实际需求和企业的实际发展需要出发，只有基于这样的立场，高效率才能创造高成就，这样的领导才是真正有价值的领导。

马云语录

有结果未必会成功，没有结果必定失败。

以变应万变：在变化中求生存

第25句话 这是个高速变化的世界，我们的产业在变，我们的环境在变，我们自己在变，我们的对手也在变……我们周围的一切全在变化之中！

世界上没有一成不变的东西，所有的事物都是处在变化中的。面对这些变化，我们不能畏惧或逃避，而应该积极地去迎接这些变化，认识这些变化，并相应地对自身进行调整和改善，只有这样才能成为一个真正的强者。

马云在建立阿里巴巴时，不少电子商务公司是面向大企业的。然而马云却做出了与众不同的大胆预测，网络的普及可能就是大公司模式的终结。因为，在网络时代，一家公司要进入他国市场并不需要太多资金，中小企业可以从网络的大量即时性信息中获得更多的市场机会。当其他人还没有意识到互联网这个动向的时候，马云就已经敏锐地捕捉到了这一变化。因此，马云想："我为什么不能给这些企业一个网络出口呢？”于是这个不同于当时任何电子商务模式的、专为中小企业服务的“阿里巴巴”就这样诞生了。

互联网最大的特征是变化，因而能够预测到变化，抢在变化之前采取行动就是最好的办法。对于变化，马云感慨地说：“我们认为，除了我们的梦想之外，唯一不变的是变化！这是个高速变化的世界。我们的产业在变，我们的环境在变，我们自己在变，我们的对手也在变……我们周围的一切全在变化之中！”

对于“拥抱变化”，马云给出了自己的认识，那就是：突破自我，迎接变化。对于本行业的特点有深刻的认识，坚信变化是我们的日常生活。对于公司的变化，认真思考，充分理解，积极接受并影响和带动同事。对于变化对个人产生的影响，理性对待，充分沟通，诚意配合。在工作中善于自我调整，具备前瞻意识，建立新方法、新思路。面对变化后产生的挫折和失败，能够重新调整，以更积极的心态投入到改进中。

马云善于捕捉变化，因而能够在互联网的大潮中成为弄潮儿。2000年，互联网又一次出现变化，而马云再次敏锐地捕捉到了这个信号。这一年，网络经济泡沫破灭，国内外互联网公司惨淡经营。当时，有创办企业的朋友问马云：“今年在干什么？”“一个是在阿里巴巴搞大生产，一个是在建‘抗日军政大学’。”马云如是回答。

马云在谈起这件事时说："他们多半在想我这个回答是在用大而化之的说法蒙他们，实际上我说的完全是真的。"事实上，这确实是阿里巴巴在2001年时的任务。而就在这一年，阿里巴巴完成了它的"中国供应商"项目。9月，马云向新闻界宣布："今年，阿里巴巴一定要赚上一块钱。"

俗话说得好：世界上唯一不变的就是变化。马克思主义哲学认为，事物始终是运动的，而静止是相对的。一个人、一个企业，不会永远走在一条康庄大道上，他们一定会在某些时刻遇到变化。如果在思路、方法和工作岗位上永远没有变化，就很难在原来的状态上取得突破。只有具备了敏锐的嗅觉、迅疾的视觉，具有"变"的观念，才能够永远处于常胜的地位。而要做到这一点，就必须掌握大量的信息，因为做决策需要掌握大量的信息，光靠拍脑袋、拍胸脯是行不通的。真正的领导者首先是一个"信息大王"，然后才是企业的舵手。

美国前总统卡特在谈起信息的重要性时，曾经说过这样一段话："对于我们而言，信息就像阳光和氧气，它点燃了创造智慧的火花，它照亮了通向未来的道路。"人类的一切活动，都需要信息的支持，信息是预测和决策的"原材料"，可以说，决策中的任何一个阶段都离不开信息。

1.注重市场调查，收集信息

在这个竞争日趋激烈的社会，企业发展的关键就是搜集信息。企业必须靠市场调查找出真相，因为市场正以你想不到的速度在改变。调查是信息收集的过程，是一个琐碎的过程，但是对做出成功的决策却有重要的作用。只有通过调查，才能掌握趋势，知道应该关注什么问题，了解了这些，你才能够进行正确决策。市场调查的任务就是为决策提供相关的、准确的、可靠的、有效的信息，为决策提供参考依据。

每一家成功的企业都不会忽视市场调查的重要性，他们之所以花费大量精力去做市场调查，就是为了制定长远性的战略规划，也可能是为制定某阶段或针对某问题的具体政策或策略，提供参考依据。事实证明，市场调查工作是信息收集的重要途径，也是决策成功的有力保障。在这个信息时代，所有的企业都需要获得准确而且快速的信息，无论企业规模是大还是小，了解市场、了解顾客都是成功决策的基础。

2.信息是谈出来的

马云其貌不扬，学历也不高，但是听过他的演讲之后，人们都说他是聪明人，因为他思维敏捷、见多识广，在讲台上口若悬河、谈吐非凡。“聪明”这个词本来的含义是指“耳聪目明”，“聪”是指耳朵听得清，“明”是指眼睛看得见，聪明在于耳朵听到的信息多，眼睛见到的信息多。一个聪明的决策者，他的头脑灵、反应快、主意多，所以他有迅速而又正确地理解和决策问题的能力。

作为一个领导，你必须懂得如何交流，你不仅要跟客户交流，跟同事交流，也要跟那些平常与你没有任何交集的普通人交流。拒绝交流，也就意味着拒绝接受信息。索尼创始人盛田昭夫就是在与员工的非正式沟通中激发灵感、获得信息的，例如，在一次与中下级主管共进晚餐时，盛田昭夫发现一位小伙子心神不宁，于是鼓励他说出心中的话来，几杯酒下肚后，小伙子诉说了公司人力资源管理中存在的诸多问题，盛田昭夫听后马上在企业内部进行了相应的改革，使企业的人力资源管理步入了良性轨道。

3.挖掘到自己想要的信息

信息是什么？信息是人们对客观世界的总结，信息是人类的再创造，它就像空气一样，无处不在，但是并非所有的信息都是正确的。领导者必须利用自己敏感的神经，不放过每一个可能有用的信息，哪怕是一点一滴的小事，一次交谈，甚至一堆垃圾，只要留心观察，都可能从中挖掘到自己要寻找的信息。

成功的领导者对此都颇有心得，如李嘉诚，他就是通过看报来掌握信息的，他手下的信息情报部门有许多文化水平高、经营学问深的人员，他们的工作职责是每天把香港的几十份报纸和美国、英国、日本等世界各地的几十份主要报纸看完，然后，将每份报纸的重要情报浓缩，再进行分类，对于新奇的消息和有价值的信息做出评价，最后集中送到李嘉诚办公室来。李嘉诚每天首先阅读的就是这些报刊摘选。当他对哪方面情况感兴趣时，即让有关选摘人员把原篇报道送来细看，或与他们共同研究这些信息。这样，使他在业务经营中决策准确，由此财源广进。

在商业竞争中，对市场信息尤其是市场关键信息把握的速度与准确性，对竞争的成败有着特殊的意义。成功的企业家练就了一副火眼金睛，对关键信息的把握往往有出色的表现，他们往往能站在全局的高度，宏观把握，微观处理，决策果断及时。

马云语录

我们认为，除了我们的梦想之外，唯一不变的是变化!!

一个错误的决定比没有决定强

第 26 句话 要等到所有问题都解决了，我们还有什么机会！我永远不会等到机会成熟了才去做一件事。

现实生活中，绝大多数人都会认为，“我们宁可不做也不能做错”。这句话从短期来看也许不错，但从长远的角度来考虑，它就有问题了。因为现在社会风云变化、竞争激烈，如果你做事不够果断、犹豫不决，只做计划不付出行动，可能就会失去成功的机会。

1999 年 2 月 21 日，马云领导召开了阿里巴巴的第一次员工大会。这是阿里巴巴第一个具有历史意义的会议。

这次会议的参会人员基本上都是阿里巴巴的创始人，所以这也是一场创始人大会。在会议上，马云做了一番慷慨激昂的演讲。马云神情凝重地说：“1995 年我做出的决定，我对自己讲可能改变了自己一辈子所从事的事业。而今天，我把大家请过来，跟大家探讨至少五年十年我们要做的事情。雅虎的上市、亚马逊的上市，这一系列公司的上市，导致我们在想，Internet是不是已经到了顶点？雅虎是不是已经做得差不多了？我们再跟下去的话是不是太晚了？所以我们大家今天到这里来都很着急，都在想我们这么做下去前途在哪里？到底有没有希望？玩下去玩一个什么东西出来？我们有可能变成什么样？大家可能都带来了方案，我们从基础做上去以后的好处在哪里？”

接着，马云和盘托出了他的网站模式：不做门户，也不做B2C，而是做面对中小企业的B2B。

在阿里巴巴这一次的员工大会上，大家的争论异常激烈。作为阿里巴巴创始人之一的金建杭回忆："当时争执非常大。因为中国做互联网，阿里巴巴是最独特的，没有拷贝任何一个模式。但中国其他很多网站都是拷贝美国很成熟的模式。"不拷贝成熟的模式就意味着创新，而创新的风险要比拷贝的风险大几倍甚至几十倍之多。

在当时的中国，互联网市场刚刚起步，虽然从国外引进了许多模式，但是绝大多数网站都是门户网站，没有什么新意。那天会上的大多数人认为做一个像雅虎、新浪那样的门户网站是唯一可行的方案。但马云不以为然，他坚定地说："大部分人看好的东西，你就不要去搞了，已经轮不到你了！"

事后马云不止一次地说："在网络经济时代，有时一个错误的决定要比没有决定更好。在做决定的过程中如果一个决定出来以后有90%的人说好的时候，你就把这个决定扔到垃圾箱里去。因为那不是你的。别人都可以做得比你更好，你又能凭什么？”这就是马云的逆向思维方式。

在这个风云变幻的世界里，如果你始终犹豫不决，始终都不能做出决定的话，那么就真的不如有一个错误的决定。即使决定是错误的，但起码你行动了，发现自己的决定有问题时及时做调整，你就会有机会。但是如果你遇事犹豫不决，过于谨慎，可能会失去成功的机会。那么如何才能做到这一点呢？就这需要企业的领导者提高自我的决策判断力。

决策理论的奠基人西蒙认为，决策是一种选择的过程，它贯穿于动机与结果之间，这一过程既可能是经过思考的理性行为，也可能是条件反射、习惯反应或本能反应等非理性行为。说得通俗一点，决策就是指组织或个人在某一时点上决定一种选择或行动方案，以期达到既定目标的过程。

具体来说，决策有以下几个特点：

（1）目标性。目标是决策主体在未来特定时限内完成任务程度的标志。没有目标，就无法制定未来的活动方案，决策也无从谈起。

（2）实践性。在制定和选择备选方案时，必须综合考虑所处的内外部环境及实施条件，确保决策方案的可行性。

（3）选择性。决策的实质是选择。实现相同的目标，可以有多种不同的方案。在做选择时，一个正确的、优良的、切实可行的方案应当是首选。

（4）过程性。决策是一种过程，这一过程包括研究现状，明确目标，制定、比较和选择方案等一系列工作内容。只有当这些工作均完成到位时，才能形成真正的决策。

（5）动态性。决策又是一种动态的过程。时刻关注和研究环境中不断变化的机会、威胁和挑战，从中找出可以利用的条件，并以此适时调整行动方案，适应环境变化的要求。

对于企业来说，决策好比是企业的眼睛，决定着企业发展的方向。但最关键的是，决策要正确。只有正确的决策，执行起来才会顺畅，才有可能顺利抵达最终目标。

1. 确定决策目标

确定解决问题的目标，这是进行决策的重要一步，也是起决定性作用的一步。一般来讲，决策目标应该是明确、清晰、具体的，如果决策目标过于笼统，在设计与选择备选方案时就缺乏明确的标准，在执行决策时也会使人感到不知所措，目标就难以实现。怎样才能使决策目标具体而明确呢？除了对目标的提法在用语上要尽量准确、严格之外，还可以采用如下补充办法：

（1）对目标加以必要的解释，使执行者完全明了。

（2）把一个概括性的目标分解成几个更小、更具体的子目标。

（3）给出目标的数量界限，如任务量、完成时间等。有了数量界限，决策目标就有了具体明确的衡量尺度。量化是使决策目标明确化的最有效、最常用的手段。有了明确的目标，接下来就是确定责任人。如果目标无法落实到具体的责任者，或者说，没有切实可靠的人来担当重任，实现目标就只能是一句空话。如果是多个目标，还必须分清主次。同时，还应注意子目标是为主目标、总目标服务的，否则，尽管分清了主次，仍然达不到预期的目的。

2.设计决策方案

确立决策目标之后，立即准备几个行动方案，然后在这些方案中进行选择，也就是根据当时的情况和对未来发展的预测，从各个备选方案中选定一个方案。需要指出的是，备选方案愈多，满意方案包含在内的可能性就愈大，决策成功的机会就愈大。

在若干方案中挑选一个理想的方案，有时是比较容易的事，但有时也会遇到多个优劣很难评出上下的方案，那就不是一件容易的事。倘若此时决策者在时间不允许的情况下犹豫不决，必然会贻误战机，给企业和事业造成不必要的损失。这就要求领导者充分发挥决策能力，果断坚决地择定最优方案。

总之，不管用什么方法对备选方案进行评估和优选，最终的决断还得依靠决策者的素质、经验和能力。

马云语录

一个方案，如果90%的人同意，我一般会把它扔到垃圾桶里去，因为这不是你自己的东西，别人都可以做得比你好，而你又能凭什么？

光有好点子不行，还需一流的执行水平

第 27 句话 业界高手们讲得头头是道，感觉真是很有道理，但结果却是：讲起来全对，干起来全错！

现实生活中，很多企业的领导者既有有才华的人才、新颖的创意，自己同时又具有搏击商海的果敢和胆识，却偏偏不成功，这是为什么呢？究其原因，问题出在他们的团队上。他们的团队往往有创意的人很多，但能执行创意的人却很少。

事实证明，一家企业要想快速发展，成为行业的标杆和领头羊，除了要有好的决策班子、好的发展战略、好的管理体制外，更重要的是要有执行力。

众所周知，日本软银集团的总裁孙正义是阿里巴巴的“伯乐”，在阿里巴巴成长的过程中做出了巨大的贡献。有一次，孙正义和马云探讨了一个问题：一流的点子加上三流的执行水平，与三流的点子加上一流的执行水平，哪一个更重要？

结果两人得出了同样的结论，那就是后者更加可行。他们的理由是，工业时代的发展是人工的，而网络经济时代一切都是信息化的，难以预测。只有一流的执行水平，才能解决三流的点子或者其他原因带来的缺陷。

马云曾经说过，自己理想中的队伍，是一支执行队伍而非想法队伍，而阿里巴巴就是这样的一支队伍。马云认为，阿里巴巴之所以能够成功，依赖的就是高效率的执行力。马云也曾经在不同场合反复强调过“三流的点子加一流的执行水平”的重要价值。

在整个创业过程中，马云都以“强劲的执行力”来要求自己的所有员工。在阿里巴巴刚创办的时候，因为阿里巴巴的模式“独特”，几乎没有人能认同它的价值，所以公司内部对网站的未来充满疑惑。

在这种局面下，当要求技术人员将BBS上的每一个帖子检测并分类的时候，有一些技术人员认为这样做将违背互联网精神，但是马云认为只有这样才能让用户方便、快捷地从阿里巴巴的网站上获得需要的信息。

争吵之中，马云发怒了，他尖声大叫：“你们立刻、现在、马上去做！立刻！现在！马上！”由于马云的强硬要求，阿里巴巴的发展方向最终确定下来，并获得了有效执行。这也使得阿里巴巴在互联网泡沫时期不仅坚持了下来，而且实现了盈利。

此后，同样的问题在阿里巴巴不断出现，但都在马云对执行力的“严格要求”下被解决了。比如，2003 年的时候，马云提出了阿里巴巴全年盈利 1 亿元的目标；2004 年的时候，马云为阿里巴巴定下了每天盈利 100 万元的目标。虽然很多人对这样“艰巨”的目标持怀疑态度，但凭借“一流的执行力”，阿里巴巴最终落实了每一个目标。

凭借着超强的执行力，马云率领着阿里巴巴的团队，将竞争对手远远甩开，成为国内公认的技术水平高超、认真、执著、有责任心的完美团队。

在这个世界上，改造世界的直接动力是行动，而不是想法。不管我们心中的想法多么美妙、多么合理，只有通过强有力的行动才能够变成现实。

1794 年，第二次反法同盟战争爆发，身为法军统帅的拿破仑，为了争取时间，早日进入意大利，决定跨越阿尔卑斯山。

而在此之前，还没有任何一支军队敢于做出这样的壮举。英国人和奥地利人听说拿破仑想要跨越阿尔卑斯山的消息时，都嘲讽似的说：“那可是个从来没有任何车轮碾过，也从不可能有车轮从那里碾过的地方。更何况，拿破仑还率领着数万军队，拉着笨重的炮车，带着成吨的炮弹和炸药，并且还有大量的战备物资呢！”

拿破仑仔细询问身边的工程师们：“如果通过这天路直接穿越上去，有没有这种可能？”这些工程师们吞吞吐吐地回答道：“可能吧，将军。还是有一点可能性的。”“那就前进吧！”拿破仑坚定地说道。他丝毫没有介意工程师们回答时的弦外之音。

然而，被困的马塞纳将军在热那亚陷于饥饿的境地时，一向认为胜利在望的奥地利人看到拿破仑的军队突然出现，他们不禁目瞪口呆。事实上，拿破仑并没有像其他先行者一样被高山所吓倒，从阿尔卑斯山上溃退下来。

拿破仑成功的关键，就在于他具有超强的执行力，只要认准目标，就毫不犹豫地予以实施。对于企业来讲，制定正确的战略固然重要，但更重要的是战略的执行。能否将既定的战略执行到位是企业成败的关键！再好的计划，如果没有化为实际行动，只能算是纸上谈兵。只有真正执行了，才能将计划转化为效益，才能真正体现出计划的价值。

每一家企业都不可能永远走霉运，总是有机会来临的时刻。而能否抓住机会，能否成功，全看它是否在积极行动。作为领导者，如果发现了好的机会，或已经有了好的战略计划，就不要再等待，只有行动起来，才能提高企业的执行力，带领企业不断前进，不断取得胜利。

IBM的CEO郭士纳在上任之初尽管清楚公司还存在问题，但是郭士纳仍然对IBM的产品和员工满怀信心，他认为IBM并无内在的重大问题。因为在过去，它曾经开发出了恰当的产品，并不失时机地销售出去，获得了巨额收入。

那么，问题的关键究竟在哪儿？在郭士纳看来，关键是IBM没有正确地执行计划。这就好像一名橄榄球教练造就设计好了精彩的比赛，让最好的球员上场，但却忘记要给球队时间来学习和实践。当他在上任前几周巡视IBM时惊讶地发现：各种各样过硬的产品和营销计划都被员工搁置在办公桌上。往往当他问及某产品进入市场后的表现如何如何时，他总是听到同一个回答：该产品从未被推出，它们还未见天日，销售额为零。郭士纳不停地问，以便能得到他想要的答案，但事实上他只能得到无望的神情和无奈的耸肩。他很快找到了问题的所在，即缺乏执行。管理者们都在岗位上等待，人们没有执行所分配的任务。为此，他重振IBM迈出的第一步，就是让公司的管理者们懂得行动的真正含义。

1.立即去执行，不要拖延

美国著名政治家本杰明·富兰克林曾经说过："今日事，今日毕。"不要把今天的工作留到明天。

每一个工作，不论是经营事业、高级推销工作或科学、军事、政府机关工作，都需要脚踏实地的人来执行。在企业中，领导者在评价员工时，就是要先考察员工是否具备立即去做的能力，然后才决定是否重用。所以，从今天起，我们要牢记，立即去做是执行的关键，就从现在开始，去完成你的任务！

2.不断改进，不断进步

一个想要做出伟大成就的领导者，必须敢闯敢拼，要不断地和外界接触，了解相关信息，对市场了如指掌。如果你是个管理者，就应常常前往管理良好的机构团体参观访问，借鉴新的、更为有效的管理方法。

作为一个老板，不可能永远待在自己的企业里，他必须和别人进行有效的沟通，如此才能了解自己企业的缺点。所以，要使自己的企业获得发展，唯一的方法就是使新的光线进入企业，这就需要经常去看看同行的做法，与同行的沟通交流往往可以成为自己改进的借鉴。

3.具备必要的责任感

领导者们总是为员工焦虑，担心他们无法完成自己的工作，实际上，每一位员工都清楚自己的职责所在。如果让一个人阐述一下自己的岗位责任就可以获得更为丰富的薪水，相信每一个人都会说得非常完整，可是在实际工作中却很少有人能做到。

这是因为大多数人把“责任”理解为一种单纯的概念，而不知道责任决定执行，负责就是去执行，就是100%完成任务。只要你担起了责任，你就是老板最需要的员工下属。

4.拒绝抱怨

抱怨是一种正常的行为，遇到困难的时候，任何人都会产生失落的情绪，都想要抱怨。抱怨能够宣泄心中的不快和不满，期望改变自己的现状。

关键在于，我们在抱怨之后会采取什么样的行动，是积极行动，还是毫无作为？可是很少有人会知道，抱怨其实是延缓执行的最大敌人！毕竟它不能使人朝着积极的方面发展，一个习惯将抱怨挂在嘴上的人，只会与成功渐行渐远，滑向失败的深渊。

5. 灵活制订计划

在制订计划的过程中，要时刻以实际情况为准，当你发觉以前制订的计划明显出现偏差的时候，就一定不能坚持错误，而是应该果断地寻求改变工作方向的工作计划。

许多人都觉得改变原定工作计划是种无能的表现，会被嘲笑。而事实上恰恰相反，在被允许的范围内及时修正工作计划是非常明智的举动。这非但不会让你遭人耻笑，还能让你赢得人们的尊重。

6.执行要落到实处

制订计划的最终目标，就是执行计划，达到理想状态。而执行计划的关键在于将计划落到实处，如果计划过于理想化，不切合实际，那么结果只有失败。

大部分马拉松参赛者都没有把握说自己一定会赢，但是每一位跑完全程的人都是胜利者，因为好好做完一项任务的真正报酬，就是要把它做出来，落实到实处。这是最重要的，你在跟自己竞争。没有哪一项任务比尽力而为更能满足你，也只有这时候你才会发挥最好的能力。所以，执行就一定要落到实处。

马云语录

再好的创意背后也必须要有制度、人才去支撑才行，如果没有制度、人才、执行力的支撑，创意就只能是一个故事，没有用。

完善制度，提高执行力

第28句话 发令枪一响，你是没有时间看对手是怎么跑的。只有明天是我们的竞争对手！

改革开放的总设计师邓小平同志曾经说过："两手抓，两手都要硬。"马云把这句话应用到了公司管理上。

他知道，文化是"治心"，制度是"治人"。文化的贯彻要用制度来做保证。再有激情和理想的团队，也要有规章制度做保障。军人的准则就是无条件执行制度，遵守纪律。在执行的过程中，军人必须克服任何困难，寻求办法，圆满地完成任务。只有这样，在战场上，军队才有可能将士兵的生命最大程度地带回到和平的土地上。由此可见纪律对一个团队的重要性。

现代企业的发展，也如同军队的管理，让纪律制度化，把服从与执行最佳地结合，不但能造就最成功的管理者，还能培养最有前途的员工。

阿里巴巴制定了严格的绩效考核制度。阿里巴巴的末位淘汰制度非常严格，即使你的工作再努力，如果在绩效考核中是最后一位，那对不起，请你走人。用马云的话说，就是“在两个人和二百个人之间，只能够选择对两个人残酷。”

阿里巴巴用制度来使自己的公司文化得到实施。在阿里巴巴，是有“天条”和“高压线”的，无论是谁触犯了都不行。不能作假、不能作弊、不能欺骗客户、不能夸大服务、不能给客户回扣、不能为客户垫款——这些都是“天条”。对于违反阿里巴巴价值观的员工，立即清除，毫无讨价还价的余地。

“你的业绩不好我们会帮你，但是如果你对客户不好，我不会帮你。即使你带来一个亿的业绩，也请你离开！”

阿里巴巴的执行董事戴珊在带销售团队时，一位外来的销售经理因为业绩不好向戴珊递交了辞职报告。戴珊当着他的面把辞职报告撕了。而一位业绩十分突出的销售人员因为欺骗了客户，立刻被开掉；一个能力很强的销售人员因为改动了销售数字也被清退。

阿里巴巴高管吴敏之做销售经理时，曾经默许一个员工为客户垫款。虽然此事在情理之中，但在阿里巴巴，法大于情，制度必须遵守，最后这位员工还是被辞退了，吴敏之也为此受到了严厉的批评。

俗话说得好："没有规矩，不成方圆。"对一家企业来说，没有一定的规章制度，单纯地凭借人情管理是很难确保内部的有序运营的。为什么这么说呢？原因有两点。

第一，如果领导者只知道依靠人情来管理，因为每个人都有自己的好恶，以及会有情绪波动的时候，这就决定了在处理问题的过程中会受到上述原因的影响，有失公正，会影响到企业内部的和谐。

第二，从员工的角度来说，人都是有惰性的，有一个写在墙上的规章制度会对他们产生一定的约束，让他们知道哪些事能做，哪些事不能做。

台塑集团的王永庆说："管人离不开规章制度，好的规章制度必须具备三个要素：一是具备合理可行的条件；二是遵循这一制度办事，必须有助于群体力量的有效凝聚，提高处理事情的效率；三是必须合理对待各个阶层的员工，使他们能在公平的基础上发挥与成长。"

在创业之初，台塑企业的成员几乎全部由家族内的人员组成，但是在发展的过程中，王永庆却注意克服家族企业管理不严的毛病。企业管理的制度化一直是台塑努力的方向，正因为有了好的制度和优秀的管理，企业才能得到迅速发展。

1968 年，台塑成立了总管理处，负责建立并完善管理制度，以及制度的具体推行、检查和改善等工作。台塑的制度化，是设计一套可行的管理制度，让员工按照设定的操作规范和事务流程去做事，同时，主管也能够主动地做考核与追踪。工作量可以计算，工作品质可以衡量，这是台塑制定管理制度的最基本原则。

1973 年，王永庆想要更进一步，使台塑走得更远，为此他特别成立了“总管理处总经理室”，专门负责全面推行管理制度。但是这一套管理制度在推行过程中，遭受了极大的阻力，没有人理解，王永庆究竟为什么要对家人这么严厉。为了有效推动管理制度，才有了台塑的“午餐会报”制度。在王永庆的直接过问下，总经理室的人员不断努力，经过 6 年时间，到 1979 年时，这套制度基本稳定并得到实行，显示出了巨大的成绩。

经过一而再、再而三连续不断的修改，台塑的管理制度已被台湾公认为是最完善的制度之一。有意思的是，台塑集团甚至连菜单都实行了制度化管理。但王永庆仍不满足，他说：“我认为台塑的管理还是不够。”为提高员工素质，台塑对每个员工都编制了“品质作业规范”，除了对他们进行正式训练之外，还要求他们在工作中自我训练。“品质作业规范”是一个总册子，里面依据工作性质的不同，再分别设计成一本本的小册子。任何现场员工，只要有一本属于他本人工作项目的“品质作业规范”，就能了解他自己的工作细节。

实际上，绝大多数企业都有规章制度，但是有的成功了，有的却失败了，这是为什么呢？原因在于，失败企业的制度形同虚设，不切实际，类同跟风，且无严格、规范的考核和评判机制，因此毫无实效可言。

1.规章制度的内容要具体

规章制度要符合企业的实际情况，有的企业家喜欢照抄五百强的管理方法，把规章制度定得过于抽象和笼统，缺少具体的条文和实施细则，结果在执行过程中困难重重。一些企业的制度无法落实，正是因为这些制度是抽象性规定，尽管内容丰富，包罗万象，但是一旦遇到具体问题时，就很难对号入座。例如，有的企业管理部门规定上班时间“要严格”，这就过于抽象，不容易具体实施。现实基层工作是具体的，需要有一些具体的条例和实施细则。例如规定“几不准”问题，只是在原则上规定不准做什么是远远不够的，这种制度即使有人违背了，也不能及时严肃追究。因此必须明确规定由谁来监督执行，违反了制度由谁去惩处，以及处理的具体程序。

2.规章制度高于一切

企业如同军队，军法如山，企业的规章制度也必须具有这样的权威。有些领导常常随意制定规章制度，这样做既不严谨，也不科学，而且极大地破坏了团队规章制度的权威性。另一方面，一旦制度正式颁布，那就应该坚定地执行下去。如果对违反者采取不理会、不惩罚的态度，那就是对规章制度的藐视和破坏。如果有章不循或者执行不严，那规章制度只能算是一纸空文。

3.条文应当具有适度的弹性

规章制度都应有一定的弹性，不能成为死板的教条，否则会使企业失去活力。在过去，人们总是批评某些企业的规章制度没有弹性，导致员工施展不开手脚。不存在任何一种可以精确地限定事物的规定，因为事物本身就具有极大的不确定性，所以规章制度的弹性原则是必要的。但是，这种弹性又是有限的，弹性不能过大，要明确制度上量的尺度和质的依据，使之容易具体操作，避免执行时的走样和变形，避免执行过程中的随意性。但制度的弹性也不能过小，那样会造成制度的过于死板和苛刻。我们把握好这一原则，不是留一手，而是多准备一手；是为了提高效率，增加解决问题的可能性。例如，某公司有“超过上班时间5分钟为迟到”的规定，5分钟则是一种弹性的体现，是考虑到在上班来的路上可能堵车、下雪、下雨等特殊情况而制定的一个条款。

马云语录

“互联网革命”不仅是外部的变革，也是内部的变革；不仅是技术的变革，更是思想的变革。作为社会的一分子，企业家不仅要参与社会经济建设，也要提升能力，关心共同面对的问题，积极参与法制和制度的完善，保证这个国家、这个社会经济持久健康的发展。

★本章小结

一切用结果说话

结果是检验一切的法宝，也是提升个人能力的必经之路，也是经营管理好企业的根本。如果没有结果，那么所有的过程都是没有意义的。对工作负责，只是对工作的程序负责，而对结果负责，却是对我们工作的价值负责，二者是有着本质的区别的。

因此，无论做什么，都要讲究结果，一切用结果说话。这是一个凭业绩说话的时代，在这个时代，只有功劳，没有苦劳，只有脚踏实地的结果，没有优秀的理念。

第五章

最优秀的模式，往往是最简单的东西

管理 100 个聪明人很难，因为每一个聪明人都觉得自己特别能干，而且谁都不服谁。怎么管理这 100 个聪明人？领导者要有超凡的眼光、胸怀和实力。聪明的人还是有弱点，或者想有名，或者想有利；只要有弱点，人都能管理。

05

建立员工认同的企业文化

第29句话 阿里巴巴不希望用唾手可得的利益来吸引人才，而是要用自己的企业文化。

曾经有人对世界500强企业进行过研究，结果表明：他们的成功有一个共性，那就是领导者善于给企业文化注入活力。美国的一位权威学者甚至大胆预言：企业文化在未来十年内很可能成为决定企业兴衰的关键因素。可见，企业文化在企业的发展过程中起着十分重要的作用。

马云对阿里巴巴的企业文化寄予厚望，他认为："作为CEO和创始人，其本身最大的职责就是企业文化的推广者，就是首席文化官，也是任何创业者和CEO的首要任务之一。制定企业文化目标、共同的使命和价值观很容易，最难的地方在于点点滴滴的实施。任何一个企业的文化必须和它所处的行业和公司的特点相吻合。"

那些不接受企业文化的员工往往会带着一种负面情绪参加工

作，他们常常会“抱怨”，而且他们这样的情绪会影响到周围的人，尤其是一些新人。

马云有一次回到母校杭州师范大学，对着一群学弟学妹们做了一次演讲，当他提到这一点时，他这样告诫学弟学妹们：“有些年轻人经常是一上班就一个劲儿地抱怨：‘真没意思，待在这里工作真没意思。’我就奇怪了，既然没意思，为什么不辞职呢？这就是没有敬业精神。很多人一离开某个公司就开始骂这个公司，这样不好，那样不好。我建议学弟学妹们，如果发生什么事情离开一个公司时，不要抱怨，抱怨只会让你更不受人尊重，这是没有职业道德修养的一种体现。”

非常注重企业的文化感召力及职业道德的马云对那些文化感召力强的公司非常欣赏，他在一次大会中讲道：

“美国有个GE公司和西门子公司竞争很激烈。两者竞争激烈到GE出来的员工认为‘我再烂，我也不去西门子’；同样，西门子出来的人也是如此。这是因为从GE出来的人如果进了西门子，当西门子这边的人问起你在GE那边是怎么做的时候，你说了，对不起GE那些曾经和你一起拼搏的兄弟和老板；你不说，又对不起现在的新同事。所以这些员工才坚决不去竞争对手那里。我们一直强调的职业道德，就是这个。

“我作为阿里巴巴的CEO，感觉是so far，not so good，so ok!(感觉还可以)但十几年或二十年后，我不可能一直把CEO当下去，因为后面的年轻人会超越我。我只是一个 4×100 米接力赛的第一棒选手，当我跑完第一棒时，是第一名；但你不能保证第二棒还是第一名，如果逞强，就把团队给害了。所以，我在跑第一棒时就尽力把自己的工作做好。

“员工也是一样，‘铁打的营盘流水的兵’。员工必须坚持理想、使命感和价值观，一代代地传承下去。像DNA一样，这个公司的人可以老去，但是这个企业的文化必须继承下来，一代代传下去，才能有不断的创新。”

企业文化是企业的灵魂，会灌输到企业的产品之中，最终通过产品质量体现出来，因此企业的管理者有必要向员工灌输企业文化，并努力使员工从心底里认同企业文化。领导者若能创造出一种良好的企业文化氛围，就能凝聚起员工的人心和力量，员工就会与企业融为一体。

孙世尧是全国包装行业的龙头老大——山东丽鹏包装有限公司的董事长。他通过抓教育构建健康向上的企业精神和抓活动增强员工的凝聚力和向心力，一步一步打造出了自己的企业文化，并用这种文化影响着员工，使得员工也将企业看成是自己的事业。

孙世尧说：“文化作为丽鹏的‘制导系统’，决定着企业的发展速度和状态。有什么样的文化，必然有什么样的企业。我们创造这样的气氛，绝不是为了搞形式，出风头，而是为了通过反复地灌输、熏陶，最终融入人们的灵魂，变成每个人的自觉行动，上下一心把丽鹏创造成具有敢闯精神和团结协作精神的一流企业。”

孙世尧之所以能让山东丽鹏包装有限公司从一个小作坊发展到今天的龙头地位，正是企业文化所起的作用。在企业文化的渗透下，员工们热爱自己的企业，愿意为企业贡献自己的力量。

随着中国经济的发展，越来越多的企业家对企业文化产生了更深刻的认识，他们知道企业文化看似无形，实则比有形的金钱更有力量，因为最先进的管理是用“文化”来管理的。但必须强调的是，企业文化不是用来标榜企业的美丽外衣，它是企业里每一个人心目中的价值观念和行为准则，是工作生活的自然习惯，它需要企业中每个员工的参与和认同。如果每一个员工都能融入到企业文化中，企业的人性化管理就实现了。所以，要努力打造企业文化，让员工和企业秉承同样的价值观，双方保持一致并完全融为一体的时候，员工的潜能才能发挥到最大值，才能创造出奇迹。

1.培养员工的认同感

如果你曾注意观察，就会发现，世界上所有的成功企业都有自己的企业文化，他们非常注重培养员工的认同感，能够让员工充分融入企业文化。

1924 年，托马斯 · 沃森在美国创办了IBM公司，并为员工们设立了“行为准则”：“必须尊重个人”“必须尽可能给予顾客最好的服务”“必须追求优异的工作表现”……他希望他的公司财源滚滚，同时也希望能借此反映出他个人的价值观，于是，他把这些价值标准写出来，让所有为IBM工作的人都必须明白公司的文化。从此以后，IBM的每位员工入职之后都要将这些准则牢记心中，任何一个行动及政策都直接受到这三条准则的影响。

事实证明，沃森提出的商业哲学发挥了巨大的作用，这几条准则对IBM公司贡献出的力量，比技术革新、市场销售技巧，以及庞大的财力所贡献的力量更大。无疑，IBM公司的企业文化是成功的。

要知道，企业文化不是一个空洞的口号，它应该真正进入员工的心里，并且让员工心甘情愿地为之努力。微软公司要求员工通过熟悉公司来融入企业文化中。对此，比尔·盖茨说：“熟悉本公司是每个员工的必修课，因为只有熟悉本公司情况，才有可能把公司情况介绍给你的客户，反之，必会引起客户的怀疑。”可见，微软对员工融入企业文化的要求是非常严格的。

2.企业文化要让员工处处“感受”得到

一个好的企业文化，必须能让员工亲身体验到，让员工明白，这股精神贯彻在整个企业中，跟自己的工作息息相关。其实，每一家企业都有自己独特的企业文化，从员工接触公司的第一天，见到的第一个人起，他实际就在感受公司的文化了。诸如面试时有没有人热情接待，考官的态度，进入公司后主管和同事是否真心帮助他，是否让他感觉到公司的温馨，这些都还是初步和浅层次的文化融合。当新员工在公司工作了一段时间，对自己的工作及公司的业务逐渐熟悉，就会深刻体会到公司的整个流程和制度了，这些是企业文化的深层次表现形式，也会使他逐步形成自己对文化的理解。公司只有在这些环节上都体现出“以人为本”，才能让员工认同。

3.企业文化能让员工自己做得到

单纯地思考，却不付出任何行动，我们永远不能取得成效，只有努力实践才可以帮助我们形成一种新的思维习惯。通过积极的沟通和培训使员工改变观念，按照企业文化的要求行动起来。即使是带有一定的强制性，也要让员工行动起来，让他们按照要求做。我们可以将文化与奖励或业绩联系起来，一个企业的员工必须清楚，究竟哪些行为会受到重视和尊敬，又有哪些行为是绝对禁止的。对于那些希望在事业上取得成功的人来说，这也是他们需要改进的地方，如果一家公司能够真正地将员工的回报和文化联系起来，它的文化才会真正地发挥作用。

马云语录

有价值观、没有业绩的员工称为“小白兔”，一个公司小白兔多了以后，那就是一种灾难。如果不灭掉几个小白兔，这个公司就不会前进，不会进步。

授权：让每一个人都动起来

第 30 句话 权威是你把权给别人的时候，你才能有真正的权利，你懂得倾听、懂得尊重，承担责任的时候，别人一定会听你的，你才会有权威。

真正成功的领导是通过别人来拿业绩的，马云就是这样的人。因为马云知道，社会是飞速发展的，如果公司的员工没有任何创新性，必然会被社会淘汰。只有激励员工不断地充电、不断地更新知识，才能够保证在多变的市场竞争中立于不败之地。

另一方面，充分调动员工的积极性，可以使员工主动寻找学习和成长的机会。正确使用授权技巧还能够激励员工的上进心，使他们在工作中获得满足感。如果员工认为你为他们提供了成长机会，他们的斗志就容易被激发出来，然后全身心地投入到工作中去。

作为世界上最成功的领导者，马云对于如何当好领导有独到见解，他说："当你突然发现当了三年领导，你的水平还是公司里最好的，那你根本就不适合当领导，领导是通过别人拿成果。”这是马云信奉多年的原则，在管理的过程中，他把更多的精力用在培养将领上，让这些将领们冲锋陷阵，而不是自己披挂上阵。正是在这样的领导风格下，马云才把阿里巴巴打造成了一个组织健康的企业平台。创业的激情，再加上公平竞争的机会，阿里巴巴团队就变成了成长最快的企业。

2000年，阿里巴巴迎来了它的又一位重要成员，她只用了7年时间，就从一名普通的销售人员，坐到了副总裁的位置上。这个人就是彭翼捷，彭翼捷毕业于西安交大外语系，然后就来到阿里巴巴工作。彭翼捷任阿里巴巴公司执行董事兼副总裁，负责管理阿里巴巴的网站运营及发展。2007年的“长三角地区互联网经济发展高峰论坛”，彭翼捷代表阿里巴巴发表了“长三角电子商务产业群合作发展”的主题演讲。

有人说，彭翼捷是“坐着火箭上升的”，但这并不是一个偶然，在阿里巴巴，这样的例子不胜枚举：一个普通的前台接待员，经过历练可以成为客服总监；宾馆中的大堂经理，可以成为支付宝的副总经理……而这些正是得益于马云培养人才的理念，他要把阿里巴巴的每个员工都锻炼成可以独当一面的“先锋官”，让他们代替自己冲到前面去。

在阿里巴巴，只要领导者认为手下的员工具有可塑性，员工就有机会得到公司的大力培养。更难得的是，这些员工还会得到马云专门提供的各种培训机会，给他们在不同业务部门体验、提升自己的机会，使他们能够在比较短的时间接触不同的业务，锻炼各方面的能力。马云的目标，就是让这些员工能在不远的未来，代替他冲锋陷阵。

在一个企业中，领导者要负责的就是管理，因为领导者不可能有三头六臂，不可能解决所有问题。一个优秀的领导者，总是能够明白自己的任务是什么，他知道在明确了下级必须承担的各项责任之后，还要给他们授予相应的权力。

北欧航空公司是一家老牌企业，由挪威、丹麦及瑞典三国联合组成。在北欧航空系统内部，始终存在着一些陈规陋习，阻碍着公司的进一步升级。卡尔松接受北欧航空公司董事长一职以后，首要目标就是进行改革。

卡尔松对公司进行了充分的调查，最终决定给部下放权，给员工充分的信任和自由。刚开始，卡尔松将目光定位在“欧洲最准时的航空公司”，但他一直没有好的办法。卡尔松到处寻找，看到底由哪些人来负责处理此事，最后他终于找到了合适的人选。于是他去拜访这个人：“我们怎样才能成为欧洲最准时的航空公司？你能不能替我找到答案？过几个星期来见我，看看我们能不能达到这个目标。”

几个星期后，此人主动来找卡尔松，与他进行面谈。

卡尔松问他：“怎么样？可不可以做到？”

他回答：“可以，不过大概要花6个月时间，还可能花掉你160万美元。”

没想到，卡尔松高兴地说：“太好了，我本来估计要多花5倍的代价。”这句话把那人吓一跳，他准备向卡尔松汇报具体的计划。

卡尔松说：“没关系，不必汇报了，你们放手去做好了。”

4个半月以后，卡尔松看到了自己想要的成绩，不但如此，这个成绩还超出了卡尔松的预期。整个项目只花了100万美元，比预期中的省了60万美元，并且一举使北欧公司成为欧洲第一。

卡尔松感慨地说：“如果我当时对他说：‘这件任务交给你，给你200万，一定要把我们公司变成欧洲最准时的航空公司，然后你要这么这么做。’你们猜结果会怎样，你们一定也可以预想到。他一定会在6个月以后回来对我说：‘我们已经照你所说的做了，而且也有了一定进展，不过离目标还有一段距离，也许还需花90天左右才能做好，而且还要100万美元经费等。’可是这一次这种事情却没有发生。他要怎么做，我就让他做，他顺顺利利地就把工作做好了。”

有的领导者缺乏自信，进而对员工缺乏信任，他们连自己都不相信，又怎么可能相信员工的能力呢？他们对于任何事情都要过问，对于员工的工作，事无巨细都要过问和指点，让员工按照他的规则办事，如此一来员工就会觉得自己的工作能力受到了怀疑，感受不到来自管理者的尊重，在工作中毫无自主性，甚至会消极怠工。还有一些管理者喜欢把困难工作留给自己去做，他们总是认为别人胜任不了这种工作。他们心里觉得，如果不能一直盯着员工，他们就无法将工作做到最好。但是，一个领导者，如果任何事都亲自过问，也会使员工产生惰性，他们很乐意把问题统统交给你去处理。这样会形成一个恶性循环，领导者会十分辛苦，员工则总是推脱责任，在这样的情况下，一个公司又如何能够管理得好呢？

可见，一个成功的管理者，绝不是大事小事一把抓，而是懂得适当放权。为了最大限度地挖掘员工的潜能，管理者必须摈弃这种做法，让员工有自由发挥的空间，从而增强员工的责任感和自主意识，进而更高效率地工作。

1.因事择人，视德才授权

给属下授权，不能盲目进行，要遵循一条准则，就是要因事择人，视德才授权。授权不是利益分配，不是荣誉照顾，而是为了把事情办好，因此要选择思想品质端正、有事业心和责任心、有相应才能又精力较充沛的人，授之以权。

2.关心、支持授权者，及时给予指导

一般上司要做被授权者的坚强后盾，经常地给予必要的支持和指导，以防止在执行过程中可能出现的偏差和延误，帮助解决可能产生的困难。

3.不越级授权，不授权力之外之权

现代上司体制都是逐级上司负责制，具有明显的层次性。授权不能随便跨越层次，而只能逐级进行，否则就会引起紊乱，如厂长可向科长、车间主任授权，而不能向科员和车间工人授权。同时，授权只能授自己职权范围内的权力，而不能把别人的权力授给自己的员工，否则就会引起更大范围的混乱。

4.不可轻易授权

凡涉及到有关组织的全局问题，如决定组织的目标使命、发展方向、人员的任命和升迁，以及重大政策问题等，不可轻易授权。一般应当交给专门的政策研究机构或咨询机构提出决策分析方案，最后由高层上司直接决策。

5.权责同授，交待明确

授权时，上司必须向被授权者明确交待所授事项的责任范围、完成标准和权力范围，让他们清楚地知道自己有什么样的权力，有多大的权力，同时要承担什么样的责任。

马云语录

你突然发现当了三年领导，你的水平还是公司里最好的，那你根本就不适合当领导，领导是通过别人拿成果。

倒立：独特的创新致富思维

第31句话 大势好未必你好，大势不好未必你不好。

“要么创新，要么灭亡”的呼声在现代管理中日渐响亮。创新是指形成一种创造性思想，并将其转换为有用的产品、服务或作业方法的过程。富有创新力的组织能够不断地将创造性思想转变为某种有用的结果。

淘宝网曾经有一条十分有趣的规定：要想成为我们中的一员，先请您拥有一副好身体，无论高矮胖瘦，你都必须在3个月内学会靠墙倒立。男性需保持倒立姿势超过30秒才算过关，对女性的要求稍低些，10秒即可，否则只能卷铺盖走人。后来，有人专门就这个问题问了马云，希望他能说明，为何当初要做这么奇怪的规定。马云听了以后，哈哈大笑说：“这个规定原本是个玩笑，可是后来逐渐有了含义：一是锻炼身体，淘宝创市的初期，遭遇“非典”，大家都出不去，创业又都很辛苦，需要一种简单的锻炼身体

的方式；二是淘宝和eBay易趣的较量，这是蚂蚁撼动大象的故事，我们用倒立的方式换个视角解决问题，成功了。”“倒立”不仅仅是理论，更是阿里巴巴员工的“必修课”。在2005年的一期《福布斯》杂志上，就有一幅与此相关的照片，在照片上，一位阿里员工贴着墙倒立，马云说这是淘宝网员工的“招牌动作”。

“倒立”这个动作，和淘宝网的发展历程很像。淘宝网刚刚起步时，只是一个十分弱小的新兴网站，而同时期的eBay早已在全球占据了大量的市场份额。马云用一种免费战略撬动了eBay在中国的生存基石——eBay易趣打开了市场。eBay在北美市场是靠向卖家收费而受到投资商青睐的，它从一开始就盈利，而且获利颇丰。可是，马云宣布中国的淘宝是免费的，而且“几年内都将免费”。就这样，游戏规则在最最敏感的一点上被重写了，从收费到免费，无疑是一次让人热血沸腾的“倒立”。

虽然淘宝网采用的是一种免费战略，但这种“免费”却为马云带来了更大的利润。

一方面，免费吸引了大量用户来到淘宝。2007年，中国的网民总人数达到1.62亿，其中，超过25%的网民在网上购物，而这些网上购物者，基本上都是淘宝的用户。

另一方面，淘宝是一个交易平台，在交易的过程中，会有资金不断地从各位卖家、买家的银行账户转移到支付宝账户，在这个过程中，会有大量的资金积聚到淘宝公司。当人们以为马云这样做一定会失败的时候，没想到马云却获得了比任何人都大的成功。

马云的“倒立”思维，实质上就是现今提倡的创新。所有有作为的领导者都懂得改变求发展的道理，环境的变化是一种新的时势、新的发展机遇。无论是地理环境、交际环境，还是职业环境、人文环境，每一次改变都为我们提供了一个新的广阔的发展空间。如果领导者能敏锐地抓住这些改变的契机，主动改革，主动创新，那么企业必然会在变化中发展得更好。

要想完成企业创新，就必须改变思维，从旧模式向新模式转换，这意味着领导者必须用全新的视角、全然不同的新方式来思考原有的问题。我们每个人都具备这种“创造性的能力”，区别的关键就是无能者任由这种能力被埋没，而有为者则主动去表现自己的能力，打破因循守旧的思维习惯，努力改变现状，带领企业前往更光明的前方。

由此可见，企业要做大做强，企业的领导管理者就要让创新意识成为企业上下每个人的思考习惯，把公司里每个人的创造力都调动出来。除了内因的影响力，如员工个人精益求精的工作态度与主动求变的意识等之外；在外因建设上，领导者还要创造一个适合创新的企业氛围。

1.一切以成果为重

说起创新，每个领导者都能夸夸其谈，但是谁也拿不出真正的行为或产品。关于创新，我们有什么标准吗？一个简单明了的标准就是，只要公司能达到绩效目标，就表示够创新。这表示企业在接受任何重大的改变前，都要先设定绩效目标。但是在现实生活中，企业家们都是在流程设计好后，再来决定评估措施与绩效目标，这已经跟创新无关了。如果说真想做创新，就必须转变思想，先从评估措施入手，把创新的目标——也就是产品和业绩作为评估根据。

实际上，这个世界上没有什么评估标准是放之四海而皆准的，因为每家公司的实际情况都不同，而且都有各自的目标和评估要求。评估措施应该能告诉员工，他们需要完成哪些事，而不是要怎么做。此外，评估措施也应该能告诉管理者，业务朝目标迈进了多少，只有这样，才能有效地激励组织成员。

2.追求远大的目标

一家企业要有目标、要有理想、要有勇气为了看似不可能的未来而努力打拼，这对激发创新有很大的作用。如果绩效目标定得不好，公司就失去了激励员工创新的重要工具。目标订立完成之后，也要有相应的考核及奖励标准，只要比上一阶段有所进步，即使目标没有达成也要奖励。因为这总好过降低标准，只奖励达到平凡目标的人。

订立积极进取的目标是创新的动力。当你的目标是远大的时，你就必须把焦点集中在整个组织上，大刀阔斧地改革，如此才能促进创新。

3.把奖励与目标挂钩

要有效地促进创新，还必须使组织的报酬制度与评估措施相结合，所有的奖励措施都应该以结果为依据。

奖励应该针对员工所能掌控及影响的事情。他们必须有办法调整自身行为，以带来更好的结果。但是，如果要求他们对无法掌控的结果负责，这不仅有失公允，到头来更会打击士气。

马云语录

大企业，买得起别墅，大企业你去用美国的套路，你可以住在别墅区，买不起别墅的肯定就要去住公寓，去住两居室了，所以我们这些人就是给他们做两居室。

快乐哲学：压力是自己的，不应传给员工

第32句话 我最喜欢猪八戒的幽默，他是取经团队的“润滑剂”，西天取经再苦再累，他一笑也就过了。

领导们都认同的一种说法，那就是“有压力才有动力”，但在实际工作中，如果员工的压力太大，以至于被压得连喘息的机会都没有，员工不但没有工作动力，还会出现各种心理问题。

事实证明，一个时常能够给别人带来快乐的人一定会受到大家的欢迎，一个能够给员工带来快乐的企业和领导者一定会得到所有员工的认可。没有人喜欢在一个死气沉沉的环境里工作，也没有人愿意跟着一个严厉刻薄，总是给员工巨大压力的老板做事情。

马云是个积极、乐观的人，他希望自己企业的领导者和员工也都能快乐地投入到工作和生活当中去。

马云说：“快乐不是一个概念，概念永远不是一个企业的核心

竞争力。任何一个创业者，永远要把自己的笑脸露出来，如果你的脸看起来很痛苦，那么就不可能给别人带来快乐，所以快乐是需要展示出来的。”

马云认为不仅领导者要如此，员工也要每天快乐地面对工作。他相信，员工工作的目的不仅包括一份满意的薪水和一个好的工作环境，也包括在企业中能快乐地成长。只有让员工快乐并努力工作的公司才是一家好公司。

判断一个人、一个公司是不是优秀，不要看他是不是Harvard(哈佛)，是不是Stanford(斯坦福)毕业的。不要看里面有多少名牌大学毕业生，而要看这帮人工作是不是发疯一样干，看他每天下班是不是笑眯眯地回家。

“亚洲最佳雇主”联邦快递亚洲区总裁说过：“我们要照顾好员工，他们就会照顾好客户，进而照顾好我们的利润。”

马云也认为，在一个企业当中，员工第一，客户第二。

马云说：“没有员工，就没有这个网站。也只有他们开心了，我们的客户才会开心。而客户们那些鼓励的言语，又会让他们像发疯一样去工作，这也使得我们的网站不断地发展。在阿里巴巴，员工可以穿旱冰鞋上班，也可以随时来我办公室，总之一定要让员工爽。”

人有一样东西是平等的，就是一天都有24小时。不快乐地工作就是对自己不负责任。

马云提出阿里巴巴要有“蓝蓝的天”“踏实的大地”“流动的大海”“绿色的森林”，也就是决策透明，目的是让每一个员工觉得阿里巴巴是一个能给自己很多创意和快乐的地方。

马云非常注意控制压力的范围，绝少把压力传递给员工。他说:“压力是自己的，不应传染给员工。我一直和我的同事说，没有笑脸的公司其实是很痛苦的公司。我最喜欢猪八戒的幽默，他是取经团队的“润滑剂”，西天取经再苦再累，他一笑也就过了。我们公司的LOGO就是一个笑脸。”

马云积极开朗的个性、平易近人的待人方式、人性化的管理，不仅得到了员工的认可，也得到了社会的认同，马云曾获得“2005CCTV中国年度十大雇主”的称号。马云获奖后发表感言：

“我是‘2004年度中国经济十大人物’之一，我们今年再次被‘中国十大雇主公司’提名……我们希望在3～5年之内成为‘全球十大雇主公司’，我们希望在五年内成为年轻人最希望加入的公司。今年获得这个奖的提名让我无比高兴，我们两年前提出这个目标的时候感觉路还很长，所以说你提出了目标并付出了努力，还是有机会的。”

马云表示，2005年他最高兴的事情不是阿里巴巴超过了eBay易趣，也不是并购了雅虎中国，而是成为中国的最佳雇主公司。马云希望阿里巴巴能够成为青年人创业、成长、发展的最佳平台；培养出“四大天王、八大金刚、四十罗汉、一百零八太保”，每个人都可以独当一面。他希望能给全国乃至全世界的企业培养总裁、副总裁，这样才能把阿里巴巴打造成一个由中国人创造的、全世界伟大的公司。

给下属施加适当的压力，可以促使员工更加努力地工作，当他们达成预期的目标时，内心便会产生自豪感。然而，如果领导给下属施加的压力太大，就可能适得其反，员工连喘息的机会都没有，又怎么能将工作做好呢?

美国阿肯色大学的一项研究表明：压力的产生不取决于工作时间的长短，而取决于工作的方式。堆积如山的工作、不得已的加班是许多员工都常常遇到的问题，这些问题给员工造成了很大的心理压力。

1. 允许员工适当闲聊

管理者都希望员工能专心工作，在工作时间内，不要分散精力。他们看到员工在工作时间里做些无意义的事，都会感到恼火，认为这是忙里偷闲的行为，其实，闲聊能很好地缓解员工的心理压力。国外一家心理学研究所的一项研究显示，工作的时候适度闲聊十分有益，一方面能缓解员工绷紧的神经，另一方面能促进员工之间的交流，进而提高工作效率。当员工们互相闲聊时，不可避免地会提到工作，他们会相互交流对彼此有益的信息。

2.弹性工作制

企业都对上班时间进行了规定，这么做是为了形成规律的上班习惯，从而确保公司能够完成稳定的工作业绩。然而从人的心理角度进行分析，我们会发现员工们都不愿意拘泥于传统的“朝九晚五”的工作方式，就连老板，也会有思想开小差的时候。现代社会工作、生活节奏过于紧凑，必须有更灵活的工作方式来激起他们的工作热情，帮助他们调整最适合自己作息习惯的生物钟，以保证有充足的休息时间来“降压”“解压”，让他们的头脑时刻保持高度的清醒。

领导者只需要订立规定期限内的工作任务，或者将工作时间长度固定下来，在保证工作质量的前提下，让员工可以灵活地、自主地选择工作的具体时间安排。从心理上讲，这样就给了员工更多的自主权和责任感，顺应了员工成长的需要。在欧美，“弹性工作制”早已成为一种潮流，包括施乐公司、惠普公司等著名的大公司都已经开始采用这种工作方式。

3.乐式工作，让人乐此不疲

工作不应该是痛苦的，它还可以变成实现人生理想的一种方式，成为一种快乐的生活方式。在德国汉堡的七象通讯公司，员工们坐在现代化的办公室内，戴着耳机，听着他们喜欢的音乐，轻松快乐地度过一整天的工作时间。公司领导人华格纳很惬意地说：“早上一觉醒来想到要工作，就是件愉快的事。”华格纳的工作态度很轻松，而目的便是为了要激励这些年轻的职员。这一招果然奏效，在一向以欧洲工时最短而闻名的德国，七象公司的员工都心甘情愿地每天工作 10 ~ 12 小时。

4.咖啡文化，有效释放压力

众所周知，一家公司的福利待遇好，并不是因为老板突发善心，而是因为公司的业绩很好，这其中就离不开严格的管理。管理得越严格，办公室内气氛就越紧张。在这种环境下工作，员工们时刻都能感受到一种无形的压力，这种压力让人异常紧张。在这样的工作气氛中，一杯热气腾腾、香气四溢的咖啡无疑是最适宜的调节。这种花钱不多却人情味十足的“温柔政策”，员工们是十分买账的，于是“鞭打”的“痛”就不那么难以承受了。

马云语录

任何一个创业者，永远要把自己的笑脸露出来，如果你的脸看起来很痛苦，那么就不可能给别人带来快乐，所以快乐是需要展示出来的。

阿里巴巴和员工一起成长

第33句话 一个优秀的CEO也必须是个优秀的管理者。要多注重细节，从细节管理你的团队，你的团队才会有机会发展。

领导们都希望赚的钱越多越好，但是梦想能否成真，要看企业的实力是否足够，要看每名员工有多强的能力。而员工的工作效率是否能够提高，这需要通过对员工进行培养、提升来解决。阿里巴巴是一家有竞争力的企业，同时也可以说，阿里巴巴是一所大学校，一所培养人才、造就人才的大学校。

阿里巴巴的成长过程也是所有员工的成长过程，关心团队的成长、关心员工的成长已经成为阿里巴巴高层的传统。

童文红，来阿里巴巴时已经30多岁，不懂专业、没有背景，而她却是阿里巴巴升职最快的人，从前台一路做到了行政总监。

来阿里巴巴以前，童文红曾经做过7年物资贸易，生育之后，又休了一年半假。2000年4月，童文红来阿里巴巴面试做行政助理，却被安排做了前台。

正式工作以后，童文红被枯燥的工作折磨着，她发现阿里巴巴的前台工作节奏也不是那么简单。每天来的人有很多，电话也有很多。童文红的脾气越来越差，和同事发生了摩擦，最终提出了辞职。人事部的领导对童文红说："你是到目前为止第一个主动要求离开阿里巴巴的人，扪心自问是不是遇到困难退缩了？"

童文红想了想，认为自己应该可以坚持下来，于是留了下来。后来，童文红在前台得到了许多人的帮助，也学到了许多东西。几个月后她转正了。前台做了一年多，童文红被调到客户支持部。3个月后，诚信通总监找她谈话，问她愿不愿回行政部做行政经理。

再次回到行政部门，担任经理的职位，对于童文红来说是个不小的挑战。童文红想：过去和他们是同事，而且自己是前台，职务比他们低，现在要带这个团队，是非常大的挑战。但是，已经30多岁的童文红认真考虑了自己的职业生涯后，决定接受这个挑战。就这样，从2001年8月重回行政部到现在，童文红再也没有离开过行政部。以后的6年多里，童文红又几次升职。一转眼，这个前台居然成了总监。

这样，经过几年的磨炼，童文红成长了，也成熟了。2005年员工大会，童文红终于得到了期待已久的"五年陈"戒指(在阿里巴巴工作满五年的员工被称作“五年陈”，公司会赠与他们一枚白金戒指)。

另一个和阿里巴巴一同成长起来并终生受益的员工是孔维青。

孔维青2002年5月进入公司。他知道做网络技术这行只能做到30岁，最多到35岁就不能编代码了。孔维青为自己设计的职业生涯是：20～25岁学习，25～30岁做产品，30～35岁做管理。但阿里巴巴的工程师有几百人，在阿里巴巴做技术，发挥的空间很大，挑战性很大，但竞争也非常激烈。当年和孔维青一起进来的30个工程师，有一半走掉了。

好在孔维青是幸运的。他被分配做搜索引擎时，“搜索引擎之王”——阿里巴巴首席技术官吴炯亲自教他并带他入门。搜索引擎项目由6个人做了半年，3人做核心，3人做应用，资金投入不大。最后出来的产品比吴炯当年的产品好很多。成长的环境好，同事之间相互帮助，公司的机会多、挑战多，这就是孔维青飞速成长的原因。这之后孔维青做了B2B，紧接着就是淘宝、支付宝，一个又一个机会和挑战使孔维青兴奋异常。

俗话说，“师傅领进门，修行在个人”。勤奋加幸运的孔维青成长速度十分惊人。

2005年6月，孔维青就推出了在国内处于领先位置的新产品。就这样在阿里巴巴的3年里，孔维青前两年学习，第三年做产品，成长得很快。他们请过中科院的博士、雅虎的专家、百度的专家和工程师进行技术交流。3 年后，25 岁的孔维青已经是阿里巴巴工程技术部的主管了。

一个优秀的管理者，懂得关心自己的员工，更懂得这种关心必须落实到实际行动中。譬如根据员工的不同需求，有针对性地满足他们。这样的管理者在管理员工时往往能收到很好的效果。

在现实中，总有一些管理者虽然关心自己的员工，但是他的关心却并没有考虑到员工真正的需求。

有一个部门经理，在月底结算时，发现上个月的部门费用没有用完，总共剩余一千多块，这笔钱说小也不小，但是对于一个部门来说，简直可以说是九牛一毛。经理决定请部门里的同事们到外面吃一顿，也好表示一下对员工的关心。

在上卫生间时，他听到同事小李对小马说：“你们经理对你们真是很关心啊。我看见他经常用招待费请你们吃饭。”

“得了吧”，小马不屑地说，“他只知道行使这些小恩小惠的手段，遇到我们真正需要他关心、帮助的事情，他没一件办成的。你拿上次公司办培训班的事来说吧，谁都知道如果能上这个培训班，工作能力会得到很大提高，升职的机会也会大大增加。我们部几个人都很想去，但经理却一点都没察觉到，也没积极为我们争取，结果让别的部门抢了先。我真的怀疑他有没有真正关心过我们。”

“别不高兴了，都过去了”，小李说，“况且有饭吃总比没饭吃强啊。”

这名经理满腹委屈地躲进自己的办公室。作为一名经理，他并没有多大的权力，给属下涨工资也需要经过批准，只能用手中现有的一点权力进行“小恩小惠”，来博得下属的好感，融洽人际关系，激励员工努力工作。可是现在没想到，自己的一片好心却引来员工如此的不谅解。

这段对话正反映出员工对培训机会与能力提升的需求。对员工而言，高效的能力才是自己长久的饭碗。而对企业来说，只有员工的能力得到提升，他们才有可能为企业创造更大的效益和价值。

所以，管理者必须让员工的成长和企业的发展保持同步。而促进一个员工不断进步的最好方法就是对其进行全职培训，如果把一个员工的职业发展道路比作一棵树的成长历程，不同的阶段对培训“养料”的需求也会不一样。作为管理者，其职责就是要根据员工不同阶段的需求进行培训，促进其不断地成长。因为，员工素质与能力的普遍提高是企业不断发展壮大的根本保证。培养员工，使他们迅速成长与进步，就成为管理者的一项重要基本工作。一个成功的管理者，不仅要求自己具有高能力，也要求团队的每个成员具有较高的能力。

让员工尽可能地得到培训的机会，从而使其能力与素质得到普遍提高，这是现代管理者管理员工的重要条件。深明此点，管理才能有效得多，也有用得多。

1.营造学习环境

对一些大型企业来说，为了更好地实施人才发展战略，通过有计划、有针对性地为公司成员提供终身学习的机会，来营造一个培养未来人才的学习环境，是企业对成员进行激励的重要措施之一。

对成员的培训就像是最好的攻心战，凝聚了人心，联络了感情，激励了斗志，全面带动了公司业务的发展。这类企业所取得的成绩和积累的经验，是值得我们学习和借鉴的。

2.注重培训，建立培训制度

一家成熟的企业，必定要有针对员工的培训制度，这是提升团队能力的必要手段。市场的变化和技术的发展要求企业成员不断地学习新的知识和技能，否则就不能适应市场的变化，不能胜任工作。很多大企业都把企业培训看作是提高企业竞争力的重要手段，有的企业甚至成立了企业大学来培训自己的成员。

现在的年轻求职者们，对于公司的培训制度也有了更高的要求，一家企业是否有正规的培训制度，已经成为他们选择就业与否的一项重要条件。而对于企业来说，培训机会也是企业对于员工在工资之外的一种回报手段。对于一个学习型的团队来说，企业培训并不是由于技术和经营上的落后才进行的，企业培训已经成为持续不断地学习和创新的手段和工具。企业培训不仅包括技术和业务培训、知识和技能培训，更包括企业精神和文化的传递与传播。特别是对于新进入团队的成员，这些培训是必不可少的。团队的培训可以融合在业务运营和公司活动之中，形式可以多种多样。培训必须讲求效果，当然这并不是说非要有什么形式的考试不可。团队成员的培训必须是有计划的、普遍的，不能是随机的，那样会挫伤成员学习的积极性，并且损害企业的沟通交流氛围，最终破坏公司的合作文化。

3.鼓励团队成员交流成功经验

有的企业团队总是在不断地前进当中，他们的专业知识水平在不断提升，我们称之为学习型组织，这种组织内的成员们总是能够聚在一起，互相学习业务，并且对工作中的问题进行探讨，在这样的氛围中成员们能够积极地参与业务学习，交流成功的经验，探讨业务技能和创新。这种氛围的形成，取决于一定的团队文化之下的行为规范。一个团队学习的过程，就是团队成员思想不断交流、智能之火花不断碰撞的过程。如果团队中每个成员都能把自己掌握的新知识、新技术、新思想拿出来和其他团队成员分享，集体的智能势必大增，就会产生 1+1>2 的效果，整体大于部分之和，这就是团队的力量。

4. 鼓励团队成员自我培训

培训确实很重要，能够有效地提升团队成员的各项素质，提升团队的整体实力。然而令人遗憾的是，团队资源毕竟有限，不可能经常性系统地对员工进行培训，特别是一些刚刚起步的团队，其自身的资源就更为有限了。在这种情形下，应该怎么办呢？难道说要等到以后有条件再做吗？这绝对是不可能的事，作为团队的领导或管理者应该知道，在现今竞争激烈的时代背景中，培训学习是不等人的，当你停止学习的时候，就是在退步。

面对这样的情景，一些团队的领导或管理者可能会说，你当我不知道培训的重要啊！可是我又有什么办法呢？其实，像这样的团队，完全可以采取另外一种办法，那就是应该通过有效的方法养成团队成员自我培训学习的习惯。

什么是自我培训呢？一般来说，自我培训就是自己做自己的老师，自己给自己讲课，对自己进行训练，达到教与学的统一。

自我培训，不仅仅能缓解团队因资源限制难以做到有效有系统的培训的问题，同样，当团队成员养成自我培训的习惯后，便能使得团队成员的各项素质得到不断的提升。由此可见，养成团队成员的自我培训习惯对团队的发展起着较为重要的作用。怎样才能真正实现成员的自我培训，这就需要团队做好各方面的准备，即建立健全培训激励机制，从制度上对成员的自我培训进行激励。例如，对成员的技能改进、学业晋升实施奖励，对技能水平达到一定高度的成员进行晋升，通过各种形式的竞赛、活动，对成员进行确认和表扬等，都是不错的手段。

马云语录

我们公司是每半年一次评估，评下来，虽然你的工作很努力，也很出色，但你就是最后一个，非常对不起，你就得离开。

★本章小结

人人都具备“创造性的能力”

要想完成企业创新，就必须改变思维，从旧模式向新模式转换，这意味着领导者必须用全新的视角、全然不同的新方式来思考原有的问题。我们每个人都具备这种“创造性的能力”，区别的关键就是无能者任由这种能力被埋没，而有为者则主动去表现自己的能力，打破因循守旧的思维习惯，努力改变现状，带领企业走向更光明的前方。

由此可见，企业要做大做强，企业的领导管理者就要让创新意识成为企业上下每个人的思考习惯，把公司里每个人的创造力都调动出来。除了内因的影响力，如员工个人精益求精的工作态度与主动求变的意识等之外，在外因建设上，领导者还要创造一个适合创新的企业氛围。